LE PERE DE FAMILLE, *COMEDIE*

En trois Actes & en Proſe,

PAR

M. le Docteur CHARLES GOLDONI, *ancien Avocat au Parlement de Veniſe.*

Traduite de l'Italien en François.

Par M. ********.

Aſinorum autem & mulorum ingenium in eo cernitur quod...... raro nec libenter deſinanr.

Hieronymus Vida de arte Poëtica.

A AVIGNON, 1758.

Et ſe vend à LIEGE chez ETIENNE BLEICHNARR, ſous les Piliers, à l'Image de S. Potentien.

A MADAME

LA PRINCESSE

*DE******.*

MADAME,

VOUS m'ordonnez de traduire le PERE DE FAMILLE, *Comédie de l'illuſtre* Goldoni. *Rien ne prouve mieux la délicateſſe de votre goût (qui n'eſt d'ailleurs conteſtée de*

vignon, vous consacreroit un monument digne de vous.

Mais je sens que je m'éleve au-dessus de mes forces & de vos ordres.

Je suis donc avec le plus profond respect,

MADAME,

Votre très-humble, & très-obéissant serviteur *********

ERRATA.

Que le Lecteur est prié de corriger dans le Pere de Famille *de M. l'Abbé* GOLDONI *: Sçavoir, premierement.*

AVIS.

De Messieurs les Editeur & Imprimeur de Liége, au sujet d'une lettre de M. le Traducteur d'Avignon.

Occupés que nous sommes uniquement de satisfaire le Public dans notre vocation & dans la case, (pour parler convenablement à notre état) où la providence nous a placés, nous avons imprimé, comme un chacun peut le voir, le *Pere de Famille* de M. le Docteur *Goldoni*, traduit par M. *Huit-Etoiles d'Avignon*. La distance de cette Ville à la nôtre, nous ayant empêché d'envoyer au Traducteur les épreuves de sa traduction ; & nous rapportant

Au reste, notre Prote, étant d'ailleurs homme de lettres & de foi, nous ayant avertis que le passage cité ne se trouvoit point dans *Horace*, que M. *Huit-Etoiles* avoit indiqué pour Auteur, nous avons cru devoir lui substituer le Poëte *Hieronymus Vida*. On trouvera sans doute dans son Art Poëtique le vers choisi par M. le *Traducteur d'Avignon*.

En reconnoissance de cette importante correction, M. *Huit-Etoiles* nous permettra de ne faire nulle mention des chicanes qu'il nous fait au sujet des Etoiles de son Epître dédicatoire. Il veut, entr'autres, que les huit siennes soyent beaucoup plus minces. Est-ce à nous qu'il faut s'adresser pour cela? Pénétrés comme nous le sommes de son mérite, nous ne devons pas être de moitié dans sa modestie. Et à l'égard des six Etoiles de Madame la Princesse de *Six-Etoiles*, que M. *Huit-Etoiles* ne trouve pas assez grosses, & auxquelles il veut qu'on en ajoute une ſeptiéme ; (nous ne ſçavons pas trop pourquoi ? Comme ſi ſix étoiles n'étoient pas fort honnêtes ?) nous l'aſſurons que nous nous conformerons à ſes déſirs, par rapport au nombre & à la groſſeur des étoiles dans une ſeconde édition.

Sans nous arroger le moins du monde le droit de mettre des entraves au génie des Auteurs, qu'il nous ſoit permis de remarquer la ſage œconomie de Monſieur l'Abbé *Deux-Points*, Chanoine de l'Egliſe de S. Luc, & Traducteur du *Véritable Ami.* En accordant à Madame la Comteſſe de *Trois-Points*, ſous les auſpices de laquelle il a jugé à propos de publier ſon ouvrage, trois points d'une groſſeur raiſonnable ; il n'en a pris que deux pour ſa perſonne. Nous oſons avancer avec confiance, que M. le *Traducteur d'Avignon* eût mieux placé ſa modeſtie dans le nombre, que dans la groſſeur des étoiles. Mais après en avoir pris huit pour lui-même, M. *Huit-Etoiles* paroît n'avoir que trop senti la difficulté de porter les étoiles de Madame la Princesse de *Six-Etoiles* à un nombre fort supérieur aux huit siennes.

Quoiqu'il en soit, & en rendant justice au mérite de M. *Huit-Etoiles*, notre reconnoissance nous oblige de déclarer que M. l'Abbé *Deux-Points* ne nous a chicané, ni sur la forme, ni sur le nombre des points & des étoiles dont il a eu besoin, & qu'en vertu de ses procédés avec nous, nous ne pouvons nous dispenser d'être persuadés que le susdit Monsieur l'Abbé *Deux-Points* est d'une humeur beaucoup plus aisée, & d'un caractere infiniment plus facile que Monsieur *le Traducteur d'Avignon* avec toutes ses étoiles.

NB. A l'article *Errata*, ligne deuxié-

ERRATA.

me, lisez *M. le Docteur Goldoni* au lieu de *M. l'Abbé* Goldoni. Le Lecteur est aussi prié de corriger les autres fautes d'impression dans les Piéces de M. l'Avocat.

PERSONNAGES.

PANCRACE, Marchand.

BEATRIX, sa femme en secondes nôces.

LELIO, fils de Pancrace du premier lit.

FLORINDE, fils de Pancrace & de Béatrix.

M. le Docteur GERONTE.

ROSAURE, fille de Geronte.

ELEONORE, autre fille de Geronte.

OCTAVE, Précepteur des enfans de Pancrace.

COLOMBINE, servante chez Pancrace.

ARLEQUIN ET TRASTULLE, } Valets de Pancrace.

TIBURCE, Marchand

LE PERE DE FAMILLE.

COMEDIE.

ACTE PREMIER.

SCÈNE PREMIERE.

Le Théatre repréſente une chambre dans la maiſon de PANCRACE. *On voit deux tables d'étude, avec des livres, du papier & une écritoire.*

LELIO *devant une table, où il étudie.*
FLORINDE *devant l'autre, où il écrit.*
OCTAVE *qui préſide à l'une & l'autre de ces occupations.*

OCTAVE *à* LELIO.

TEte dure, oui, dure comme le marbre.

LELIO.

Vous avez raiſon, Monſieur; je ſuis un peu

dur de cervelle. Je mets du tems à saisir les choses ; mais lorsque je les tiens une fois, vous sçavez que je ne vous fais pas deshonneur.

OCTAVE.

Le bel honneur que vous me faites ! Ignorantasse ! Voyez un peu votre frere. Il est beaucoup plus jeune que vous, & il apprend mille fois plus facilement.

LELIO.

Il est bien heureux d'avoir cette facilité. Pour moi, je sçais que je sue & que je fatigue.... Je n'ai pourtant pas vu de grands prodiges de ses rares talens. Il se fait bien valoir ; mais je crois qu'il en sçait beaucoup moins que moi.

OCTAVE.

Insolent ! Impertinent !

LELIO *à part.*

Puisses-tu t'en aller au diable, & te rompre le col !

OCTAVE.

Or ça : je vais revoir le travail de Florinde, qui sera, je m'imagine, très-bien fait. Vous, cependant, vous résoudrez l'exemple d'Arithmétique, que je vous ai donné. Faites ensorte que M. Pancrace soit content de vous.

LELIO.

Mais cette queſtion demande du tems, & de la pratique. Je ne ſçais trop ſi je pourrai m'en tirer ſans votre ſecours.

OCTAVE.

La propoſition eſt claire. Vous ſçavez les régles ; rêvez, travaillez, & ne m'importunez plus.

LELIO *à part*.

Quelle dureté ! Quelles manieres rudes & rebutantes ! J'ai tant d'antipathie pour ce maître, qu'il eſt impoſſible que j'apprenne la moindre choſe ſous lui. Je vais pourtant eſſayer. Je le fais, par rapport à mon pere. Je ne veux pas le fâcher, ni lui faire croire que je ſuis un diſciple revêche, inappliqué, comme on ne ceſſe de le dire. (*Il ſe met à écrire & à calculer.*)

OCTAVE *s'approche de la table de Florinde, & s'aſſied à côté de lui*

Eh bien, mon cher petit Florinde, comment cela va-t-il ? N'avez vous beſoin de rien ?

FLORINDE.

Et, mon cher maître, de grace, laiſſez moi.

OCTAVE.

Si vous avez beſoin d'être aidé, je ſuis ici plein de zèle & d'amitié pour vous. Madame votre mere vous a ſpécialement recommandé à mes ſoins.

FLORINDE.

Oh! je le ſçais bien, mon cher maître; elle vous a dit de ne pas me fatiguer trop, de ne pas me gronder, ni me dégoûter.

OCTAVE.

Comment ſçavez-vous cela, mon fils?

FLORINDE.

Par le Domeſtique de la maiſon, qui l'a entendu.

OCTAVE *à part.*

Voyez l'imprudence des meres, de tenir ces diſcours devant leurs domeſtiques.

FLORINDE.

Mon cher maître, je vous dis encore de me laiſſer en repos pour ce moment.

OCTAVE.

Mais peut-on ſçavoir ce que vous écrivez?

FLORINDE.

Non, Monſieur; je fais une choſe à laquelle vous n'avez rien à voir.

OCTAVE.

Vous pouvez vous fier à moi.

FLORINDE.

Non, non; ſi vous le ſçaviez, vous le diriez à mon pere.

OCTAVE.

Je ne ferai jamais cette vilaine action.

FLORINDE.

Si je pouvois me fier à vous, je vous demandrois encore votre assistance.

OCTAVE.

Oui, mon cher Florinde; oui, prenez confiance en moi, ne craignez rien. Dites-moi, avez-vous du tabac ?

FLORINDE.

Oui, en voilà. *Il tire sa tabatière de sa poche.*

OCTAVE.

Mettez-en un peu dans ma boëte. Bon, vous n'en prenez pas; versez-le tout.

FLORINDE.

Volontiers; le voilà tout.

OCTAVE.

Oh, le brave garçon! Bon; dites-moi ce que vous souhaitez.

FLORINDE.

J'étois, à vous dire vrai, occupé à écrire une lettre d'amour.

OCTAVE.

Une lettre d'amour ? Ah jeunesse, jeunesse! Cela suffit. Mais étoit-ce à bonne ou mauvaise fin ?

FLORINDE.

Oh! à fort bonne.

OCTAVE.

En ce cas, voyons-la. *Il prend la lettre.*

FLORINDE.

Je voudrois que vous la corrigeassiez, où elle en a besoin.

OCTAVE.

Oui, mon fils, je la corrigerai. *Il lit tout bas.* Eh! le commencement n'est pas mal.

LELIO.

Monsieur, j'ai trouvé une difficulté, que je ne sçaurois résoudre sans votre secours.

OCTAVE.

Je n'ai pas le tems de m'amuser maintenant. Il faut que je revoye la leçon de Florinde.

LELIO.

Convertir les livres de la banque de Venise, en écus de la banque de Gênes, & réduire ces deux monnoyes au pair des deux places : voilà une chose que je ne sçais pas faire.

OCTAVE *bas à* FLORINDE.

Cette expression pourroit être un peu plus tendre ; où vous dites, *je vous aime*, il faudroit ajouter, *de tout mon cœur.*

FLORINDE.

C'est bon, c'est bon ; rendez-la moi.

(*Il reprend la lettre, pour ajouter ces paroles.*)

LELIO *à* OCTAVE.

Vous ne m'écoutez pas, Monsieur.

OCTAVE.

Je suis occupé auprès de votre frere. Voyez, dès que je lui suggére la moindre chose, il la fait tout de suite. Il a le plus beau naturel du monde.

LELIO *à part.*

Il faut donc que je sue comme une bête de somme. Vouloir que j'apprenne, & ne point m'enseigner? Autant vaudroit être à l'école du diable.

FLORINDE.

Et le reste de la lettre vous paroît donc bien?

OCTAVE.

Oui, fort bien. Mais ajoutez au bas : *très-fidéle jusqu'à la mort.*

FLORINDE *en écrivant.*

Oui, oui, *jusqu'à la mort.*

OCTAVE.

Quelle pénétration à son âge! Que cet enfant a d'esprit!

LELIO.

Non, Monsieur, je ne l'ai pas finie.

OCTAVE.

Je vous la ferai bien achever par force.

BEATRIX.

Bon, pressez-moi ce bardot.

FLORINDE.

Eh, ma chere mere, ne chagrinez pas mon pauvre frere ! Et vous, Monsieur, ayez quelque pitié de lui ; s'il est ignorant, il apprendra.

LELIO.

Oh, Monsieur le merveilleux, je vou sremrcie de vos bons offices ! Pour moi, je te connois. Va, fourbe, hypocrite.

BEATRIX *à* FLORINDE.

O la maudite langue ! Allons, allons, ne lui réponds rien, ne te mets pas en colére, mon petit cœur ; cela t'échaufferoit le sang. Viens, cher ami, viens, je m'en vais faire le chocolat.

FLORINDE.

Ma chere mere, que je vous baise la main. *bas à Béatrix.* J'aurois bien besoin de deux sequins.

BEATRIX.

Oui, viens ; je te donnerai tout ce que tu voudras. C'est mon sang, cela ne suffit-il pas ? *Elle s'en va.*

FLORINDE.

Sans la bonté de ma mere, je n'aurois pas de quoi me divertir, ni jouer à ma fantaisie. Mon pere est trop sévére. Oh, parlez moi des meres ! Ce sont elles qui sont commodes pour les enfans.

SCENE III.

OCTAVE, LELIO, *ensuite* PANCRACE.

OCTAVE.

EH bien, Monsieur Lélio, comment va ce compte ?

LELIO.

Mal, fort mal, on ne peut pas plus mal.

OCTAVE.

Et pourquoi ?

LELIO.

Parce que je ne sçais pas le faire.

OCTAVE.

Voyez si vous n'êtes pas une grande bête ! C'est-à-dire, que vous êtes comme les ancres qui sont quasi toujours dans l'eau, sans jamais apprendre à nager.

LELIO.

Mais comment voulez-vous que je fasse la supputation de ces monnoyes, si vous ne m'avez pas dit, quelle eſt la valeur des écus de Gênes ?

OCTAVE.

Vous êtes un ignorant. Je vous l'ai dit cent fois.

Pancrace entre, & s'arrête pour écouter.

LELIO.

Il ſe peut que vous me l'ayez dit, mais je ne m'en ſouviens pas.

OCTAVE.

Pourquoi êtes-vous une buche ?

LELIO.

Soit. Mais redites le moi, je vous prie.

OCTAVE.

Quand j'ai dit les choſes une fois, je ne les répéte pas.

LELIO.

Mais comment faut-il donc faire ?

OCTAVE.

Ou finir ce compte, ou reſter là.

LELIO.

Oh, pour le compte, c'eſt inutile.

OCTAVE.

Vous ne ſortirez donc pas d'ici.

LELIO.

Mais après tout, je ne ſuis pas un petit garçon, pour qu'on me maltraite ainſi.

OCTAVE.

Vous êtes un âne.

LELIO.

Je vous jure, que si vous me manquez de respect, je vous jetterai cette écritoire à la tête.

OCTAVE.

A moi cette....

LELIO.

A vous-même, si vous ne m'en croyez pas.

OCTAVE.

Ah scélérat! ah indigne!

(*à PANCRACE qui se met entre eux deux.*)

Avez-vous entendu les belles expressions de Monsieur votre fils? Il veut me jetter son écritoire à la tête. Voilà ce que l'on gagne à vouloir élever la jeunesse avec zèle & avec soin.

LELIO.

Mais, mon pere.....

PANCRACE.

Taisez-vous, Monsieur l'étourdi; c'est votre maître, & vous devez lui porter du respect.

LELIO.

Mais, si...

PANCRACE.

Mais, si; mais, si.. qu'avez-vous à dire? Le gouverneur est une personne qui est comprise dans le nombre de nos supérieurs, & qu'il faut respecter

& écouter autant qu'un pere & une mere. Il y a même des circonstances où il faut lui obéir plutôt qu'aux parens mêmes. Car enfin ceux-ci peuvent quelquefois se laisser aveugler par un excès de tendresse, ou par quelque autre passion ; au lieu que des maîtres sages, discrets & sçavans, ne travaillent jamais que pour le bien & le profit de leurs éleves.

LELIO.

Si Monsieur Octave étoit de ces maîtres-là...

PANCRACE.

Ce n'est pas à vous à en juger. Votre pere vous l'a donné pour gouverneur, & vous lui devez une déférence aveugle. Il n'appartient qu'à moi de sçavoir si c'est un homme capable d'élever mes enfans ; & vous, si vous avez l'audace de parler, & de ne pas faire votre devoir, je vous punirai de façon, que vous vous en souviendrez tout le tems de votre vie.

LELIO.

Mais, mon pere, ayez la bonté de me laisser dire mes raisons.

PANCRACE.

Il n'y a point de raison qui tienne. Il est le gouverneur, & vous le disciple. Je suis le pere, & vous le fils. Je commande & lui aussi. Qui n'obéit pas à son pere, à son maître, est un rebelle, un indigne, un insolent.

LELIO.

Il faut donc ...

PANCRACE.

Sortez d'ici.

LELIO.

J'ai à finir ...

PANCRACE.

Sortez, vous dis-je.

LELIO.

Patience! *à part.* Il eſt bien affreux pour un pauvre enfant, d'avoir à ſouffrir toutes les biſarreries d'un miſérable maître.

SCENE IV.

OCTAVE, PANCRACE.

OCTAVE.

FOrt bien, Monſieur Pancrace, courage, courage! Vous êtes réellement un pere ſage & prudent.

PANCRACE.

Mon fils s'en eſt allé; nous voilà ſeuls, & perſonne ne nous écoute. Monſieur Octave, avec votre permiſſion, vous êtes un mauvais Précepteur; & ſi vous ne changez de ſyſtême, vous ne demeurerez plus long-tems chez moi.

OCTAVE.

Comment, Monſieur, en quoi pouvez-vous donc vous plaindre de moi ?

PANCRACE.

J'ai été aſſez long-tems là derriere, & j'ai entendu de quelle belle maniere vous donniez vos leçons. Ecoutez, mon cher Monſieur, avec la jeuneſſe, il faut quelquefois uſer de rigueur : mais les bonnes façons, la patience, la douceur, ſont les meilleurs moyens d'élever un jeune homme. Quand on remarque dans un écolier de l'obſtination, ou qu'il ne profite pas, faute d'application, alors on peut employer le bâton, avec diſcrétion cependant ; mais ſi les fautes viennent d'ignorance, de peu d'eſprit ou d'incapacité, alors il faut le traiter amicalement, l'aider avec bonté, le conſoler, l'animer, l'encourager, & faire enſorte qu'il travaille, pour gagner la bienveillance d'un maître indulgent, & non pour éviter les coups comme un eſclave.

OCTAVE.

Vous avez raiſon, je ſuis de votre avis. Mais ce Lélio me fait perdre patience.

PANCRACE.

Oh, ſi vous ne ſçavez pas avoir de la patience, ne vous mêlez pas d'être Précepteur ! Nous autres pauvres peres, nous mettons nos enfans entre vos mains,

mains ; & c'est de votre éducation que dépend la bonne ou mauvaise réussite des enfans. Avec ceux qui ont l'esprit moins ouvert, il faut redoubler d'attention. On trouve assez de ces maîtres publics, qui ont une troupe d'écoliers ; mais ils donnent tout leur tems & leurs soins à ceux qui ont le plus de facilité pour apprendre ; soit que cela diminue leurs peines, soit que l'honneur que leur fait un bon écolier, les achalande & augmente leur profit ; & puis il vous laissent dans un coin tous ces pauvres enfans, qui, pour avoir moins d'aptitude, n'en auroient que plus besoin de secours. C'est pour cela que j'ai résolu de prendre un maître chez moi, afin qu'il se livrât tout entier à l'avancement de mes deux fils, & qu'il les instruisît avec bonté.

Si vous ne voulez pas, si vous ne sçavez pas enseigner, si vous n'avez pas de patience, parlez-moi clairement, & ne me trompez pas : car si mes enfans perdent leur tems par votre faute, vous serez responsable à Dieu & envers moi de leur ignorance ; & vous seriez obligé de restituer le pain que vous auriez mangé chez moi sans le gagner.

OCTAVE.

J'ai toujours fait mon devoir à cet égard ; je ne cesserai de le faire. Vous n'avez rien à dire, je crois, sur ma conduite. Je ne leur enseigne que de bonnes maximes, & s'ils vouloient les ſuivre, vous auriez-là deux enfans qui ſeroient deux modéles d'éducation.

PANCRACE.

S'ils ne font pas leur devoir, s'ils ne vous obéiſſent pas, dites le moi : mais ne ſoyez pas ſi ſévére avec eux. Je veux qu'ils vous reſpectent ſans vous craindre. Quand un écolier eſt épouvanté de ſon maître, il le regarde comme un ennemi : mais quand on ſçait prendre un enfant par la douceur, on en tire tout ce qu'on veut. Il faut quelquefois récompenſer, accorder quelque relâche, quelque divertiſſement honnête. C'eſt ainſi que les enfans s'attachent à leur devoir par vertu, qu'ils étudient avec plus de goût, & qu'ils apprennent plus facilement : c'eſt par-là qu'ils deviennent la gloire de leurs maîtres, la conſolation de leurs peres, le ſoutien des familles : le public s'enrichit, & le monde ſe peuple de gens de bien & d'hommes vertueux.

OCTAVE.

Je vous proteſte, Monſieur, que je n'épargnerai point mes peines pour l'éducation de vos fils & de tous les deux; mais ce Lélio eſt opiniâtre, altier, intraitable : Florinde au contraire eſt docile, reſpectueux, ſoumis.

PANCRACE.

J'ai de la tendresse pour tous les deux : ils sont également de mon sang, & ce que je sens pour l'un, je le sens aussi pour l'autre. Je hais & j'abhorre la bêtise de ces peres, qui se prennent d'amour pour un de leurs enfans, & se soucient peu de l'autre. Florinde est plus docile ; Lélio, plus altier. Eh bien ! je suis plus ferme avec le premier, plus doux & plus caressant avec le second. La docilité de l'un, me dis-je quelquefois, s'il continue, pourra devenir confiance : la hauteur de l'autre, si je l'irrite, peut devenir haine & dédain. C'est ainsi qu'en accommodant mon maintien à leur caractere, je les accoûtumerai à être remplis de respect pour moi, comme je suis plein de tendresse pour eux.

OCTAVE.

Puissiez-vous vivre mille ans, Seigneur Pancrace !

PANCRACE.

Et vous deux mille, mon cher Monsieur le Précepteur.

OCTAVE.

Vous êtes fait pour élever la moitié du genre humain.

PANCRACE.

Il me suffit que vous soyez bon pour mes deux enfans.

OCTAVE.

J'y employerai toute mon attention.

PANCRACE.

Vous ferez votre devoir.

OCTAVE.

Vous n'aurez point à vous plaindre de moi.

PANCRACE.

Ni vous de moi.

OCTAVE.

Je n'épargnerai ni le tems, ni la peine.

PANCRACE.

Et je reconnoîtrai vos peines.

OCTAVE.

A merveille! L'argent est toujours bien employé, quand on le dépense pour le profit de ses enfans. Je ne dis pas que mes attentions augmenteront à proportion de la récompense; mais je vous réciterai des vers d'un Poëte moderne, qui viennent à propos de ce que nous disons.

» *Donner* n'exprime rien, quand il est au Fu-
» tur.
» Le présent de ce Verbe est le tems le plus sûr:
» C'est ainsi qu'on l'enseigne aux nouvelles écoles;
» A qui sçait bien entendre, il faut peu de pa-
» roles.

SCENE V.

PANCRACE *seul.*

Je ne suis pas sourd, & j'ai bien entendu. Je suis homme à payer, à dépenser; mais aussi à sçavoir bien placer ma dépense. Si Monsieur Octave est maître d'école, je suis maître de famille. Qui donne sans raison, dit le proverbe, s'appelle trois fois bon. Je veux tenir encore quelque tems mes enfans sous la direction d'un maître; ensuite je marierai Lélio comme l'aîné. Pour Florinde, je lui ferai faire un tour dans les principales villes de l'Europe; & s'il se tourne au bien, je le mettrai à la tête de son bien, que je placerai dans le commerce. Je ne veux pas qu'après ma mort mes enfans soyent en procès sur leur héritage, ni que les gens de Loi fassent aller en fumée le prix de mes sueurs. Je réglerai l'état de mes enfans avant de mourir; je les partagerai selon leur mérite, & tâcherai de les faire jouir en paix & en bonne intelligence de la fortune que je leur destine... Oh ça, puisque j'en ai le tems, il me faut un peu raisonner avec ce Domestique nouveau, que j'ai pris ce matin. Quelle misére! Tous les quinze jours changer de Valets; & pourquoi? à cause de ma chere

Dame Béatrix. Ah ! j'ai fait la seconde grande sottise, quand je me suis remarié. Je regardai comme une bonne acquisition, une dot de seize mille écus ; mais ils m'ont couté cher, puisque c'est aux dépens du repos & de la tranquillité de mon cœur. Hola, Trastulle !

SCENE VI.

TRASTULLE, PANCRACE.

TRASTULLE.

ILlustrissime.

PANCRACE.

Laissez-là votre illustrissime, & ne m'illustrez pas plus que je ne veux.

TRASTULLE.

Monsieur me pardonnera ; je suis accoûtumé à parler ainsi, & je croirois manquer à mon devoir, si je ne le faisois pas.

PANCRACE.

Vous aurez demeuré chez des Comtes & des Marquis ; & cela vous aura habitué à illustrer. Mais je suis marchand, & ne veux point de titres.

TRASTULLE.

J'ai servi des personnes titrées ; mais j'ai aussi servi des gens qui tiennent boutique, & entr'autres, un boucher & un marchand de fromage, & de cervelats.

PANCRACE.

Et vous donniez à ces gens-là de l'illuſtriſſime ?

TRASTULLE.

Aſſurément : ſurtout les jours de Fête. Toujours de l'illuſtriſſime.

PANCRACE.

Oh, celle-ci eſt vraîment, plaiſante ! Et eux goboient ces titres ſans difficulté ? Hé ?

TRASTULLE.

Comment, le marchand de fromage, après avoir fait étudier ſon fils, croyoit être devenu grand Seigneur.

PANCRACE.

Si le pere ſe rengorgeoit tant, figurez-vous le fils.

TRASTULLE.

Qui ? l'illuſtriſſime Monſieur le Docteur ? Vous allez voir. On faiſoit à la maiſon du pain bis ; mais pour lui, c'étoit du pain mollet & frais tous les matins. La famille avoit ſon bouilli & par-ci, par-là, un chapon ; mais pour Monſieur le Docteur, il y avoit toujours un pigeon gras, une bécaſſe, une caille. Quand il parloit, pere, mere, freres, toute la maiſon étoit bouche beante pour l'écouter. Vouloient-ils conſtater un fait, ou donner la derniere raiſon d'une choſe ? Le Docteur l'a dit, diſoient-ils ;

c'eſt le Docteur qui l'a dit, & cela ſuffit. J'ai pourtant entendu dire à beaucoup de gens, que l'illuſtriſſime Monſieur le Docteur n'en ſçavoit pas long. Mais il a d'ailleurs aſſez bien employé ſon argent, puiſqu'au moyen de ſon bonnet doctoral, ſon pere & ſa mere ſont devenus illuſtriſſimes; & ſi j'étois reſté chez eux encore un peu de tems, moi je ſerois auſſi devenu un illuſtriſſime.

PANCRACE.

Pour moi, je vis à l'antique, & ne m'embaraſſe pas de titres ni de ſuperlatifs. Je me contente d'avoir de l'argent dans mon coffre. Avec de l'argent on dîne; & l'on jeûne ſouvent avec des titres. Dites-moi un peu, ſçavez-vous faire la dépenſe?

TRASTULLE.

Oh, j'ai toujours fait le dépenſier.

PANCRACE.

Je ne prétends pas que vous ſoyez fort entiché de ce beau métier. Sçachez, mon ami, que j'ai des yeux, & qu'il vous ſera difficile de me tromper.

TRASTULLE.

Je vous demande pardon; mais je ne ſçais de quoi Monſieur veut parler.

PANCRACE.

Je ſuis très au fait de toutes les fourberies de

Messieurs les maîtres-d'Hôtel ; ils achetent trois livres de viande, & mettent en compte trois livres & un quart. On sert cette viande à table ; & le maître, qui n'est pas un sot, dit : *mais pour trois livres & un quart, en voilà bien peu.* Monsieur le maître, toujours prêt à la répartie, répond : *c'est de la viande qui diminue, ou qui se retire à la cuisson ; ou bien on a ôté les os :* & cela passe. On excroque quelques sols sur le chapon ; & puis on dit : *Monsieur la volaille est d'une grande chereté.* On jette de l'eau dans le vin ; en dérobant un peu ici, & un peu là, de tous ces peu on se fait un beaucoup ; on double son salaire, & en peu de tems, Monsieur le maître se met à même de figurer.

TRASTULLE.

Pour moi, je suis un honnête homme, en qui l'on peut se fier.

PANCRACE.

D'après les informations que j'ai prises chez le compére Pandolfe, je sçais que vous êtes un garçon d'honneur & de bien ; mais aujourd'hui, pour paroître honnête homme, il suffit d'être un fripon adroit.

TRASTULLE.

En vérité, si je voulois voler, je ne sçaurois commnt m'y prendre.

PANCRACE.

Dérober, eſt un métier que la nature enſeigne; & quand on y a pris goût une fois, on ne s'en deshabitue plus. Dites-moi un peu, avez-vous parlé à ma femme ?

TRASTULLE.

Oui, illuſtriſſime.

PANCRACE.

Encore de l'illuſtriſſime; je vous ai dit que je n'en voulois pas.

TRASTULLE.

Cependant Madame reçoit ce titre, & ne s'en défend pas.

PANCRACE.

Si Madame eſt folle, je ne ſuis pas fou, moi. Vous ſçavez bien que les femmes ſont toutes poſſedées de l'eſprit de vanité.

TRASTULLE.

Comment dois-je donc me comporter à ſon égard ? Quel titre lui donnerai-je ?

PANCRACE.

Puiſque le monde ſe gouverne aujourd'hui par les titres, celui de Madame ſuffira.

TRASTULLE.

Mais Madame ſe donne à la femme d'un Cordonnier & d'un Barbier. A la femme d'un Marchand il faut quelque choſe de plus.

PANCRACE.

Pourvu que la femme d'un Marchand ait une bonne table, & qu'elle puiſſe ſoutenir ſon état, qu'on l'appelle Illuſtriſſime, ou Dame, ou Madame, il n'importe. C'eſt de l'argent qu'il faut, & non pas de vains titres. Oh çà, allons, commençons à mettre les choſes en train. Tenez, voilà un demi ſequin : allez à la proviſion, achetez un chapon & trois livres de bœuf, pour faire un excellent bouillon ; & le bouilli ſervira pour vous autres. Prenez un morceau de veau pour le rôt : achetez auſſi quelques livres de fruit. J'ai dans la maiſon bonne proviſion de ſalé & de fromage. Il y a du bled & du vin pour toute l'année. Pour les farineux, je les achete en gros : ainſi arrangez-vous, & que cela ne paſſe jamais une piſtole. Je veux qu'on mange, & que perſonne chez moi ne ſouffre la faim ; mais je ne veux pas qu'on jette tout par les fenêtres.

TRASTULLE.

Vous dites très-bien, Monſieur ; l'économie me plaît auſſi prodigieuſement, ſur tout dans une maiſon où il y a de la famille. Mais ſi vous voulez que j'achete pour vous un pigeon gras, & trois ou quatre ris de veau....

PANCRACE.

Non, Monſieur. Ce qu'on me ſert, eſt pour

tout le monde. Un pere ne doit point à ſa table ſe traiter plus délicatement que ſes enfans. Quand des enfans voyent leur pere ſe nourrir mieux qu'eux, cela leur fait de la peine, leur donne de l'envie, & dans l'occaſion ils cherchent à ſatisfaire leur gourmandiſe.

TRASTULLE.

Vous entendez, Monſieur, on ne peut pas mieux, les devoirs d'un pere de famille.

PANCRACE.

Oh, ſi vous ſçaviez combien ils ſont étendus ces devoirs, & tous les fardeaux qui accablent un pere de famille, vous trembleriez ſeulement d'y penſer Maintenant allez au marché, & n'oubliez rien.

SCENE VII.

TRASTULLE *ſeul.*

MOn Maître en ſçait long, mais j'en ſçais plus long que lui. Les Maîtres ſuperfins s'abuſent, quand ils eſperent de découvrir toutes les ruſes de leurs domeſtiques. Pour moi j'en ai une à moi que je le défie bien de découvrir, Je m'entends avec mes marchands ; nous partageons enſemble les profits ; & qui nous verroit faire, croiroit que nous ſommes ennemis jurés. L'induſtrie humaine ſe raffine tous les jours davantage ; & pour connoître à fond un fourbe, il faut être fourbe & demi.

SCENE VIII.

Le Théâtre repréſente une Salle.

COLOMBINE *qui repaſſe des chemiſes.*

VIte, vîte, il faut repaſſer cette chemiſe ; autrement ma maîtreſſe ſeroit en furie. Il ſuffit que ce ſoit pour ſon cher Florinde. Si c'étoit pour M. Lélio, elle ne s'en ſoucieroit guères ; elle ſçauroit même m'occuper ailleurs, pour m'empêcher de lui faire plaiſir. Je ne puis le ſouffrir ce Florinde. Il vient faire le galant autour de moi : Madame le ſçait, le voit, & ne fait qu'en rire. Mais je ne ſuis pas de ces chambrieres qui ſervent à leurs Maîtreſſes pour garder leurs fils à la maiſon, afin qu'il ne leur arrive pas malheur dehors. Ce fer n'eſt plus chaud : j'irois bien en prendre un autre ; mais je ne veux pas aller à la cuiſine. Ces valets ſont inſupportables avec leurs impertinences. Ils tiennent des diſcours qui me font rougir. Souvent même les mains ſe mettent de la partie. Je ſens encore cette chiquenaude que m'a donné le Cuisinier. Il faut que j'appelle Arlequin ; c'est le plus balourd, mais c'est le plus retenu. Hé, Arlequin !

SCENE IX.

ARLEQUIN, COLOMBINE.

ARLEQUIN.

QUi est-ce ? Qui me demande ? Qui m'appelle ? Qui me cherche ? Qui me rompt la tête ?

COLOMBINE.

Ne vous mettez pas en colere, mon cher Arlequin : c'est moi qui vous appelle.

ARLEQUIN.

Oh, puisque c'est vous, me voici ; ordonnez. Pour vous non-seulement je me leverois du lit ; mais je me mettrois au lit, s'il le falloit.

COLOMBINE.

Faites-moi un plaisir ; prenez ce fer, portez le à la cuisine, mettez-le dans le feu, & rapportez-moi l'autre ; mais qu'il soit bien rouge.

ARLEQUIN.

Volontiers, dans le moment. *Il prend le fer & se brûle.* Ahi ! diable ! c'est une trahison.

COLOMBINE.

Non, mon cher Arlequin, vous vous êtes attrapé....

ARLEQUIN.

On me l'avoit bien dit, qu'il falloit qu'une fille, ou vous brouillât, ou vous brulât.

COLOMBINE.

Que ne le preniez vous par le manche ?

ARLEQUIN.

Me brûler la main ? C'est une malice d'enfer.

COLOMBINE.

Mais je ne croyois pas...

ARLEQUIN.

Les femmes sont des diables; je ne m'étonne pas si elles brûlent.

COLOMBINE.

Je ne l'ai pas fait exprès.

ARLEQUIN.

Chienne, assassine, ce n'étoit pas assez de m'embraser le cœur, tu voulois encore me brûler les doigts.

COLOMBINE

Mon cher Arlequin, je vous jure que je ne l'ai pas fait exprès. Prenez le fer de ce côté, il n'y a rien à craindre.

ARLEQUIN.

Il n'y a rien à craindre de ce côté ?

COLOMBINE.

Non certainement. Faites-moi le plaisir d'emporter ce fer bien vîte, & de m'apporter l'autre.

ARLEQUIN.

Ah, petite fourbe, vous voudriez me brûler.

COLOMBINE.

Je ne ferois pas une action pareille pour tout l'or du monde : approchez, essayez.

ARLEQUIN *approche la main du manche, & crie de peur.*

Ahi !

COLOMBINE.

Mais il n'est pas chaud.

ARLEQUIN *approchant la main davantage.*

Ahi !

COLOMBINE.

Allons, prenez-le.

ARLEQUIN *prenant le fer.*

Ahi !

COLOMBINE.

Craignez-vous encore de vous brûler ?

ARLEQUIN *tenant le fer à la main.*

Ahi ! ahi !

COLOMBINE.

Mais vous le tenez ; vous voyez qu'il ne brûle pas, & vous criez, ahi.

ARLEQUIN.

Chat échaudé craint l'eau froide, dit le proverbe. Je suis comme cela. Le fer chaud m'a brûlé, & je crains le manche froid.

COLOMBINE.

COLOMBINE.

Eh bien donc, rendez-moi ce ſervice.

ARLEQUIN.

Je le ferai, mais je veux de l'intérêt.

COLOMBINE.

Qu'exigez-vous pour intérêt?

ARLEQUIN.

Que vous me repaſſiez une chemiſe.

COLOMBINE.

Lorſque je ſerai à étendre, je le ferai volontiers.

ARLEQUIN.

C'eſt une chemiſe que m'a donnée notre maître. Vous verrez de beau linge, avec une garniture des plus fines.

SCENE X.

COLOMBINE, *puis* ARLEQUIN *qui revient avec le fer rouge & la chemiſe.*

COLOMBINE.

CE garçon eſt un peu ſimple, mais d'ailleurs bon enfant, honnête & point libertin; j'aurois preſque envie de l'épouſer. Rarement les gens d'eſprit ſi bien appris ſe tournent-ils à bien : la fineſſe & le ſçavoir-faire les rendent dangereux.

Si le mari eſt un peu bête, tant mieux ; il ne faut pas grand eſprit pour être mari.

ARLEQUIN.

Me voilà, me voilà ; prenez vîte ce diable de fer qui me fait peur. *Il le poſe ſur la table.*

COLOMBINE.

Fort bien, Arlequin, je vous remercie.

ARLEQUIN.

Et voici la chemiſe. Je vous la recommande ; parce que c'eſt celle des jours de fête ; je vous prie ſur-tout de prendre garde aux manchettes : *il lui donne une chemiſe toute déchirée.*

COLOMBINE.

Comment ? c'eſt un torchon.

ARLEQUIN.

Un torchon ? Voyez-moi ces franges, ces dentelles.

COLOMBINE.

Oh, je ne repaſſe pas du linge de cette eſpéce.

ARLEQUIN.

C'eſt là ma chemiſe : vous m'avez promis de la repaſſer.

COLOMBINE.

Ecoutez : ſi vous n'en avez pas de meilleure, je vous en ferai plutôt une autre.

ARLEQUIN.

Eh! pourquoi non ?

COLOMBINE.

La prendriez-vous ?

ARLEQUIN.

Oui, ma belle Dame.

COLOMBINE.

Eh bien, n'en parlez à perſonne.

ARLEQUIN.

Oh, je ne dis jamais rien.

SCENE XI.

FLORINDE & LES MESMES.

FLORINDE *à Arlequin.*

QUe fais-tu ici ?

ARLEQUIN.

Je n'en ſçais rien, Monſieur.

COLOMBINE.

Il m'apporte ce fer.

FLORINDE.

Morbleu, vas-t'en d'ici.

ARLEQUIN.

J'attends qu'elle m'ait repaſſé....

FLORINDE.

Sors vîte, ou je te donne un coup de pied dans le ventre.

ARLEQUIN.

Ne vous incommodez pas, Monſieur. *Bas à Colombine.* Je vous recommande la chemiſe.

FLORINDE *à Arlequin.*

Veux-tu finir ?

ARLEQUIN.

Oui, Monſieur. *Bas à Colombine*, Ayez-en bien ſoin.

FLORINDE, *lui donnant un coup de pied.*

Impertinent !

ARLEQUIN, *ſortant.*

Grand merci.

SCENE XII.

FLORINDE, COLOMBINE.

COLOMBINE *à part.*

PAuvre Arlequin ! Tout le monde le maltraite; mais s'il devient mon époux, ils apprendront à le reſpecter.

FLORINDE.

Colombine, que faites-vous de beau ?

COLOMBINE, *d'un air imposant.*

Ne le voyez-vous pas ? Je repasse une chemise.

FLORINDE.

A qui est cette belle chemise ?

COLOMBINE, *d'un ton ironique.*

A votre illustrissime Seigneurie.

FLORINDE.

Fort bien, ma chere Colombine, vous êtes réellement une fille charmante.

COLOMBINE, *sans le regarder.*

Très-obligée à vos bontés.

FLORINDE.

Vous êtes gracieuse, pleine d'esprit; mais vous avez un défaut qui me déplaît.

COLOMBINE.

Ouidà ? Et quel est ce défaut qui déplaît à Monsieur ?

FLORINDE.

Vous êtes un peu sauvage, & vous avez des préjugés dans la tête.

COLOMBINE.

Je fais mon devoir, & cela me suffit.

FLORINDE.

Ah ! ma chere enfant, si vous ne faites pas autre chose que votre devoir, vous aurez bien de la peine à vous faire une dot.

COLOMBINE.

Nous autres filles ſans fortune, quand nous avons un bon métier, nous trouvons aiſément un mari.

FLORINDE.

La fortune vous avoit aſſez bien ſervie en vous conduiſant dans une maiſon où il y a des jeunes gens ; mais vous ne ſçavez pas en profiter.

COLOMBINE.

M. Florinde, ces diſcours ne me conviennent pas.

FLORINDE.

Ma chere Colombine, en vérité je te veux du bien.

COLOMBINE.

Au loin, au loin. Un peu moins de liberté.

FLORINDE *lui touchant la main.*

Laiſſez-moi voir quelle eſt cette chemiſe.

COLOMBINE.

Bas les mains.

FLORINDE, *continuant ſes jeux de main.*

Voyez : cette manchette eſt découſue.

COLOMBINE.

Eh bien ?... Quelle impertinence !

FLORINDE *la tracaſſant encore.*

Allons, ma chere.

COLOMBINE.

Laissez-moi, ou je vous donne de ce fer par le visage.

FLORINDE, *continuant ses badinages.*

Vous ne serez pas si méchante.

COLOMBINE, *lui donnant avec le fer sur les doigts.*

Insolent !

FLORINDE.

Ah ! vous m'avez fait mal, vous m'avez brûlé. Ahi, ahi......quelle douleur !

SCENE XIII.

BEATRIX, LES MESMES.

BEATRIX.

QU'est-ce ? Qu'a-t'on fait ? Qu'avez-vous, mon cœur ?

FLORINDE.

Cette chienne de Colombine m'a brûlé les doigts avec son fer à repasser. Tenez, voyez la peau; ahi ! qu'elle me cuit !

BEATRIX.

Ah coquine ! ah scélérate ! d'où vient que vous avez fait du mal à mon pauvre Florinde ?

COLOMBINE.

Madame, je ne l'ai pas fait exprès.

FLORINDE.

Non, elle ne l'a pas fait exprès ! Un peu de patience !

BEATRIX.

Mais je veux ſçavoir comment, & pourquoi tu l'as fait ?

COLOMBINE.

Si vous en êtes curieuſe, je vous le dirai. Monſieur votre fils eſt un peu trop libertin.

BEATRIX.

Pourquoi libertin ! que t'a-t'il fait ?

COLOMBINE.

Il eſt toujours autour de moi à me toucher les mains, à me tenir des diſcours indécens.

BEATRIX.

Voyez, quelle rechigneuſe ! elle ne veut pas qu'on la touche, elle ne veut pas qu'on lui parle. Eh vîte, va me chercher du vinaigre, que j'en baſſine les doigts à ce pauvre enfant. Eh vîte, te dis-je, ou je te caſſe la tête.

COLOMBINE.

J'y vais, j'y vais. *A part, en ſortant :* Oh la jolie mere !

BEATRIX.

Tu as voulu la toucher, & elle t'a brûlé avec le fer.

FLORINDE.

Oui, Madame.

BEATRIX.

Elle ne peut te ſouffrir autour d'elle ?

FLORINDE.

Elle ne peut pas me voir.

BEATRIX.

Laiſſe, laiſſe, nous en trouverons une autre. *à part.* Le pauvret ! il ne ſort preſque jamais de la maiſon : s'il ne s'amuſe pas avec les domeſtiques, avec qui s'amuſera-t'il ?

FLORINDE.

Je ne voudrois pas que vous la miſſiez dehors, ma mere.

BEATRIX.

Non ? Et pourquoi ?

FLORINDE.

Parce que, puiſqu'il faut vous le dire.......elle repaſſe bien mon linge.

BEATRIX.

Ah, petit coquin, je t'entends. Tu as de l'eſprit. Va, tu as de l'eſprit. *à part.* Il eſt jeune, le pauvre enfant : j'ai pitié de ſon âge.

COLOMBINE *rentre avec du vinaigre.*

Voilà le vinaigre.

BEATRIX.

Allons, baſſine-lui cette main. Puiſque tu as fait le mal, appliques-y le reméde.

COLOMBINE.

Mais je ne sçais pas faire.

BEATRIX.

Voyez donc la pauvre fille ! elle ne sçait pas. Y faut-il tant de façons ? D'une main prends la sienne, & de l'autre, verses-y du vinaigre.

FLORINDE.

Faites donc, faites vîte. Ah, comme je souffre !

BEATRIX.

Ah, pauvret ! vîte.

COLOMBINE.

Maudit enfant ! je ne sçais pas, encore une fois.

BEATRIX.

Oh ! pour le coup je te donne un soufflet.

COLOMBINE.

Ah, patience, patience, me voilà ; comment dois-je m'y prendre ?

FLORINDE.

Comme cela ; prends cette main.

COLOMBINE.

Est-ce ainsi ?

FLORINDE.

Oui.

SCENE XIV.

LELIO, LES MESMES.

LELIO.

GRand bien vous fasse, mon cher frere. Je me réjouis de voir comment vous vous divertissez avec la chambriere, & que votre respectable mere n'y trouve point à redire.

BEATRIX.

Pourquoi entrez-vous ici ? Que venez-vous faire dans mon appartement ?

LELIO.

Je suis venu voir si Monsieur mon frere vouloit sortir.

BEATRIX.

Mon fils n'a que faire de sortir avec vous. Vous êtes d'un trop mauvais exemple, & je ne veux point qu'il contracte vos vices.

LELIO.

Eh bien, je prendrai de lui l'exemple des vertus. Oh, les belles leçons de morale que vous lui donnez ! entre les mains de la chambriere.

BEATRIX.

Ce ne sont pas vos affaires.

LELIO.

C'est seulement pour m'instruire.

BEATRIX.

Sortez d'ici.

LELIO.

C'est la chambre de mon pere, & je puis bien y rester.

BEATRIX.

Cette chambre est à moi, & je ne veux pas que vous y soyez.

SCENE XV.

PANCRACE, LES MESMES.

PANCRACE.

QU'est--ce que ce carillon?

BEATRIX.

Cet impertinent ne veut pas sortir de cette chambre. J'ai beau tenir à l'écart cette bonne Colombine, Lélio ne cesse de la poursuivre.

PANCRACE.

Comment? Tu n'as pas plus de retenue à la maison, pas plus de respect pour ta mere, pour moi? Tu sçais bien que je t'ai défendu de parler aux servantes.

LELIO.

Mais, mon pere....

PANCRACE.

Tais-toi, malheureux...Et toi, Florinde, pourquoi tiens-tu la chambriere par la main ?

LELIO.

C'est lui, c'est lui, non pas moi.

PANCRACE.

Paix, te dis-je. Qu'est-ce donc que ces familiarités avec des domestiques ?

FLORINDE.

C'est que je me suis brûlé....

BEATRIX.

Le pauvre innocent est tombé par terre, & sa main a porté par hazard sur le fer que Colombine avoit posé là ! Voyez comme il s'est brûlé, comme il s'est fait du mal !

PANCRACE.

Et faut-il pour cela que Colombine le soigne ? Que ne vous en chargez-vous ?

BEATRIX.

Oh, je n'en ai pas le cœur. Dès que je m'approche, je me sens défaillir.

PANCRACE.

Courage, courage ! *A Colombine :* Cela suffit.

COLOMBINE *à part.*

Si je reste long-tems dans cette maison, j'apprendrai de belles choses. *A Beatrix :* Avez-vous autre chose à m'ordonner ?

BEATRIX.

Va-t'en, je ne veux rien autre chose.

FLORINDE *bas à Colombine.*

Chere Colombine, un peu plus de charité.

COLOMBINE *bas à Florinde.*

Cette fois-ci je ne vous ai brûlé que les doigts; mais une autre fois je vous brûlerai le nez. *Elle s'en va.*

PANCRACE.

Garçons, garçons, si vous n'avez pas de conduite!

LELIO.

Mais que fais-je donc? Je suis bien malheureux.

PANCRACE.

Trêve de discours. On ne répond pas à un pere.

BEATRIX.

Si vous voulez que je vous le dise, il est insupportable.

FLORINDE.

Du moins, mon pere, vous ne vous plaindrez pas de moi, je l'espere.

PANCRACE.

Vous ne deviez pas venir ici. Ce n'est pas votre chambre.

BÉATRIX.

Doucement, ne le grondez pas. Le pauvre enfant ! Voyez comme il est devenu pâle. Dès qu'on lui dit une parole un peu forte, il se trouve mal.

PANCRACE.

Eh le pauvre petit mignon ! Veux-tu de la bouillie, mon fils ?

BEATRIX.

Oh, je sçais bien que vous ne l'aimez pas, que vous ne pouvez le souffrir. Mais l'autre est votre favori ; c'est le fils de votre premiere femme, le premier fruit de ses tendres amours.

PANCRACE.

Tout doux. Hola, mes petits Messieurs, allez vous habiller, & vous sortirez pour vous promener avec M. le Précepteur.

LELIO.

Ma mere ne veut pas que Florinde vienne avec moi.

BEATRIX.

Non, Monsieur, je ne le veux pas : vous n'êtes bon qu'à le gâter par votre mauvais exemple.

LELIO.

En revanche Madame sa mere lui donne de fort beaux conseils.

BEATRIX.

Entendez vous cet effronté ?

LELIO.

La vérité engendre la haine.

PANCRACE.

Veux-tu te taire ?

LELIO.

Je crêve....

PANCRACE.

Si tu continues, je te donne le plus beau soufflet....Sors d'ici.

LELIO *à part.*

Oh, si ma mere vivoit, cela n'iroit pas ainsi. *Il sort.*

PANCRACE *à Florinde.*

Allez, partez aussi, habillez-vous. Le maître vous attend.

BEATRIX.

Mais si je ne veux pas qu'il aille avec Lélio.

PANCRACE.

C'est à vous de vous mêler de vos coëffures ; & à moi de gouverner mes enfans. *A Florinde :* Allons, dépêchez-vous.

FLORINDE.

Je ne veux que faire en tout la volonté de mon pere.

PANCRACE.

Oui, oui ; nous le lui dirons.

FLORINDE.

Je ne ſens d'amour que pour vous.

BEATRIX.

Voyez ſi ces paroles n'attendriroient pas ?

PANCRACE.

C'eſt fort bien; mais je veux des effets, & non des paroles.

BEATRIX.

Quels effets ? Que voulez-vous qu'il faſſe ?

PANCRACE.

Qu'il étudie, & qu'il faſſe honneur à ſa famille.

BEATRIX.

Oh, pour étudier, il n'étudie que trop.

PANCRACE.

Encore trop : & vous le dites en ſa préſence ? Entens-tu ce que dit ta mere, que tu étudies trop? Mais moi qui ſuis ton pere, je te dis que ſi tu n'étudies pas, tu ne mangeras pas; que ſi tu ne m'obéis pas, je ſçaurai te châtier. Allons, va trouver ton maître, & ſois exact à faire ce qu'il te dira.

FLORINDE.

Je n'aurai pas grande peine à lui obéir : c'eſt un maître fait exprès pour des diſciples raiſonnables comme moi. *Il ſort.*

SCENE XVI.

PANCRACE, BEATRIX.

PANCRACE.

A Quoi, diable, pensez-vous, d'aller dire en présence de votre fils qu'il étudie trop? Est ce là la bonne maniere d'élever ses enfans? Je suis émerveillé de votre conduite. Vous n'avez pas l'ombre de bon sens.

BEATRIX.

J'ai eu tort, je l'avoue, & je ne ferai plus une pareille imprudence; mais avec votre permission, vous êtes trop sévere. Jamais vous ne leur dites une parole agréable, & vous les tenez dans une trop grande sujetion.

PANCRACE.

Un pere ne doit pas accorder tant de liberté à ses enfans: je ne dis pas qu'il faille les traiter avec rigueur, mais il doit les tenir dans la crainte. La familiarité des enfans dégénere à la fin en insolence. Quand on les accoutume à badiner avec leur pere, ils ne sçavent plus le respecter. La hardiesse & la petulance croissent avec l'âge, & l'on voit des enfans mal élevés porter l'impudence jusqu'à mépriser, outrager, maltraiter, & même battre leur pere.

BEATRIX.

Mon fils n'eſt pas capable de pareille choſe : c'eſt un enfant d'un ſi bon naturel, qu'il ne pourroit faire du mal, quand même il le voudroit.

PANCRACE.

Comment, il ne pourroit faire du mal, quand même il le voudroit? Voilà comme parle une femme ignorante, & qui mérite correction. Heureux celui qui naît avec un bon naturel; mais plus heureux celui qui a les moyens d'avoir une bonne éducation. Un arbre ſera venu dans un bon terroir; l'eſpéce en ſera bien choiſie; on l'aura planté ſous une lune favorable, s'il n'eſt pas cultivé; ſi l'on ne coupe de tems en tems ſes mauvaiſes branches, il deviendra ſauvage, ne produira que de mauvais fruits, & fera du bois inutile & propre ſeulement à brûler. De même, des enfans d'ailleurs bien nés, quelques heureuſes inclinations qu'ils ayent, ne les élevez pas bien, ne leur donnez pas de bons exemples, ne les reprenez pas de leurs fautes, vous en ferez de mauvais ſujets, des gens à charge pour une maiſon, qui deviendront la honte des familles, & le ſcandale d'une ville.

SCENE XVII.

BEATRIX *seule.*

JE ne suis pas si sçavante moi. Je n'ai que ce fils, & je ne veux pas qu'il se tue à force d'étude. Je voudrois le marier, si je pouvois. Mon mari voudra donner une femme à l'aîné; & comment pourrai-je souffrir dans la maison la femme de mon beau fils? Si c'étoit encore une bru, l'épouse de mon propre fils, je la souffrirois, quoiqu'il y ait bien rarement de la bonne intelligence entre les brus & les belles-meres.

SCENE XVIII.

Le Théâtre représente une chambre dans la maison du Docteur Géronte, avec deux Siéges.

ELEONORE & ROSAURE *qui est habillée avec une modestie recherchée.*

ELEONORE.

COmbien j'ai de plaisir, ma chere sœur, que vous soyez sortie de votre retraite, pour me faire compagnie à la maison.

ROSAURE.

Le Ciel m'eſt témoin, ma chere ſœur, de la ſatisfaction que je reſſens à vivre en paix avec vous dans la maiſon de notre cher pere; mais du reſte j'étois bien plus tranquille dans ma retraite, ſous la conduite de notre bonne tante, qui eſt un vrai modéle de ſageſſe & de régularité.

ELEONORE.

Il eſt vrai que la maiſon de notre chere tante eſt une école de bonnes œuvres; mais enfin nous pouvons pratiquer ici la vertu, & être deux ſœurs d'une vie exemplaire.

ROSAURE.

On ne peut vivre ici, comme je vivois là. Les ſoins domeſtiques nous écartent du ſentier de la vertu.

ELEONORE.

Au contraire les ſoins domeſtiques occupent l'eſprit, & l'empêchent de s'amuſer à des choſes frivoles & dangereuſes.

ROSAURE.

Ici l'on a des affaires, des entretiens; on voit, on entend. Oh non, je n'y ſuis pas bien volontiers.

ELEONORE.

Mais, dites-moi, chere ſœur, eſt-ce que perſonne ne vous alloit voir chez notre tante?

ROSAURE.

Pardonnez-moi : il y venoit quelquefois cet homme de bien, cet homme parfait & excellent, Monsieur Octave.

ELEONORE.

Monsieur Octave, le Précepteur des enfans du Seigneur Pancrace ?

ROSAURE.

Lui justement. O quel honnête-homme ! quelle conduite exemplaire !

ELEONORE.

Et que venoit-il faire chez vous ?

ROSAURE.

M'enseigner à bien vivre.

ELEONORE.

Et où se tenoient vos entretiens ?

ROSAURE.

Dans ma chambre.

ELEONORE.

Et la tante, que disoit-elle ?

ROSAURE.

Oh, la tante pouvoit se fier à lui & à moi. Nos discours étoient tout-à-fait honnêtes. Si quelquefois on levoit les yeux, c'étoit par pure curiosité, jamais par indécence.

ELEONORE.

Quant à moi, j'ai été élevée dans la maison paternelle : mais ni ma mere d'heureuse mémoire, ni mon pere que le Ciel me conserve, ne m'auroient jamais laissée seule dans une chambre avec un homme d'une vie exemplaire.

ROSAURE.

C'est que vous autres, vous entendez malice à tout; mais chez ma tante tout se fait à bonne fin.

ELEONORE.

Il suffit, ce sera comme vous le dites. Mais sçavez-vous, chere sœur, pourquoi notre pere vous a tirée de cette maison, & vous a voulu auprès de lui ?

ROSAURE.

Non en vérité. Je suis une fille soumise, & j'ai baissé la tête au premier signe de sa volonté.

ELEONORE.

Que me donnerez-vous, si je vous le dis ?

ROSAURE.

Que le Ciel vous bénisse, dites-le moi par charité.

ELEONORE.

J'ai oui dire, non pas à lui, mais à d'autres, qu'il vouloit vous marier.

ROSAURE.

Me marier ?

ELEONORE.

Oui, vous marier. Vous êtes l'aînée, & vous devez passer avant moi.

ROSAURE.

O Ciel, qu'est-ce que j'entends ? Moi vivre en la compagnie d'un homme ?

ELEONORE.

Et vous ferez en cela comme font les autres filles.

ROSAURE.

Est-ce que vous consentiriez à vous marier, vous ?

ELEONORE.

Pourquoi non ? Si mon pere le vouloit, je le ferois de grand cœur.

ROSAURE.

Quoi, vous vous marieriez ainsi, les yeux fermés ?

ELEONORE.

Mon pere les ouvriroit pour lui & pour moi.

ROSAURE.

Et s'il vous tomboit en partage un mari qui ne vous plût pas ?

ELEONORE.

Je serois forcée de le supporter.

ROSAURE.

Oh non, ma sœur, ne parlez pas ainsi, ce n'est pas bien. Le mariage veut de la paix, de l'amour, de la tendresse. Il faut prendre un mari de bon gré, qui nous plaise, qui soit de notre goût.

Autrement c'eſt le diable, ma ſœur, c'eſt le diable dont le Ciel nous préſerve.

ELEONORE.

Comment donc faire ?

ROSAURE.

Allons, paix ! les filles ne parlent pas de ces choſes là.

ELEONORE.

Ma chere ſœur, je me recommande à vous.

ROSAURE.

Soyez docile, & ne craignez rien.

ELEONORE.

Vous me trouverez donc un joli mari ?

ROSAURE.

Si vous êtes ſage.

ELEONORE.

Je ferai tout ce que vous me direz.

ROSAURE.

Que le Ciel vous garde !

SCENE XIX.

OCTAVE, FLORINDE, LES PRECEDENTES.

OCTAVE *du dedans.*

QUi eſt là ? Peut-on entrer ?

ELEONORE.

Ah, mon Dieu ! qui ſera-ce ?

ROSAURE.

Le Ciel soit béni ! c'est le bon Monsieur Octave.

ELEONORE.

Notre pere n'est pas ici. Renvoyons-le vîte.

ROSAURE.

Oh, voudriez-vous lui faire cette malhonnêteté ? Cela ne convient pas. Venez, venez, Monsieur Octave.

ELEONORE.

Et il amene un jeune homme avec lui.

ROSAURE.

Ce sera quelqu'un de ses sages éleves.

ELEONORE.

C'est un fils du Seigneur Pancrace. Renvoyons-le vîte.

ROSAURE.

Est-ce qu'on éconduit ainsi les gens de bien ?

OCTAVE.

Paix & bon jour à Mademoiselle Rosaure.

ROSAURE.

Paix & bon jour à Monsieur Octave.

FLORINDE à ELEONORE.

Votre très-humble serviteur, Mademoiselle.

ELEONORE.

Votre servante.

OCTAVE.

Comment vous trouvez-vous, Mademoiselle Rosaure, dans la maison paternelle ?

ROSAURE.

Bien mortifiée de n'être plus avec ma chere tante & mes aimables cousines.

OCTAVE.

Il faut obéir à son pere, & se conformer à la volonté du Ciel.

ROSAURE.

Voulez-vous bien vous asseoir ?

OCTAVE.

Ce sera pour vous obéir.

ROSAURE.

Ce Monsieur est votre éleve ?

OCTAVE.

Oui, c'est un de mes disciples, mais de très-bonnes mœurs ; intact comme une colombe innocente.

ROSAURE.

Faites-le asseoir. Dites-lui qu'il ne se gêne pas.

OCTAVE.

Eh, Monsieur Florinde !

FLORINDE.

Que souhaite mon maître ?

OCTAVE.

Asseyez-vous.

FLORINDE.

Où ?

OCTAVE.

Mais voyez.

FLORINDE.

Où vous asseoirez-vous ?

OCTAVE.

Moi ? Là. *Il s'assied à côté de Rosaure.*

FLORINDE.

Et moi ici. *A côté d'Eléonore.*

ELEONORE *à part.*

Je suis dans un grand embarras.

ROSAURE.

Allons, Monsieur Octave, faites-nous quelque lecture.

OCTAVE.

Volontiers. Voici un petit ouvrage charmant qui vient d'être mis au jour. *Chapitre troisiéme, de la nécessité du Mariage, pour la conservation de l'espèce humaine.*

ELEONORE *à* FLORINDE.

Beau chapitre !

FLORINDE.

Est-il de votre goût ?

ELEONORE.

Il ne me déplaît pas.

OCTAVE *bas à* ROSAURE.

Que dites-vous de cette belle matière ?

ROSAURE.

La propofition ne fçauroit être plus vraie.

OCTAVE *bas à* ROSAURE.

Vous ne tarderez donc pas long-tems à vous marier ?

ROSAURE *bas à* OCTAVE.

Continuez un peu votre lecture.

OCTAVE.

« C'eft l'amour qui engendre toutes les chofes. »

ROSAURE *bas à* OCTAVE.

L'amour ?

OCTAVE *bas*.

Oui, l'amour. *Il continue de lire* : » L'amour opére par fa vertu....

FLORINDE. *bas à* ELEONORE.

O la douce parole, que cet amour !

ELEONORE *bas à* FLORINDE.

Vilaine, vilaine.

SCENE XX.

Les Acteurs précédens continuent à se parler bas, deux à deux. GERONTE *s'avance tout doucement en les observant, & vient se placer au milieu.*

GERONTE.

MEssieurs, je vous salue.

OCTAVE *se levant.*

Ah, je salue très-humblement le Seigneur Géronte.

FLORINDE *se levant.*

Votre serviteur, Monsieur.

GERONTE.

Que font là ces Messieurs ?

OCTAVE.

Comme j'avois eu le bonheur de connoître Mademoiselle Rosaure, quand elle demeuroit chez Madame sa tante, & que nous étions accoûtumés à faire ensemble des réflexions sur quelque bon livre, j'étois venu pour continuer avec elle cet exercice salutaire.

GERONTE *montrant* FLORINDE.

Ce Monsieur est aussi de l'exercice ?

FLORINDE.

Oui, certainement.

OCTAVE.

C'est mon discíple.

GERONTE.

Ces Messieurs veulent-ils bien avoir la bonté, je les en supplie, d'aller faire leurs exercices ailleurs?

OCTAVE.

Mais, Monsieur, c'est un tort que vous faites à ma réputation.

FLORINDE.

Je suis l'écolier de Monsieur Octave.

OCTAVE.

Je suis le Précepteur des enfans du Seigneur Pancrace.

FLORINDE.

Et moi, je suis son fils.

GERONTE.

Je réponds à Monsieur le Précepteur que mes filles n'ont pas besoin de ses leçons; & au fils du Seigneur Pancrace, qu'on ne vient point dans ma maison à mon insçu.

OCTAVE.

Si vous voulez que je m'en aille, je m'en vais.

GERONTE.

Vous me ferez plaisir.

FLORINDE.

Et moi, il faudra aussi que je sorte?

GERONTE.

Je crois qu'oui.

OCTAVE.

Vous avez, Monſieur, une fille très-prudente.

GERONTE.

C'eſt un effet de votre bonté.

FLORINDE.

Vous êtes heureux en famille, Monſieur.

GERONTE.

Vous me confondez, Monſieur, avec votre politeſſe.

OCTAVE.

Mademoiſelle Roſaure eſt une fille d'exemple, en vérité.

FLORINDE.

Mademoiſelle Eléonore eſt une charmante perſonne.

OCTAVE.

J'en ſuis pénétré d'admiration.

FLORINDE.

C'eſt une merveille à mes yeux.

GERONTE.

C'en eſt aſſez, Meſſieurs; faites-moi la grace de me laiſſer en liberté.

OCTAVE *bas à* ROSAURE.

Mademoiſelle Roſaure, ſouvenez vous de la lecture.

ROSAURE *bas.*

Oh, je ne l'oublierai pas.

OCTAVE *à part.*

Oui, oui, ces lectures qui traitent du mariage, se gravent aisément dans le cœur d'une fille.

GERONTE *à* FLORINDE.

Monsieur, quand partez-vous ?

FLORINDE.

Tout à l'heure. *Bas à Eléonore* : Mademoiselle Eléonore, souvenez vous du chapitre.

ELEONORE *à part.*

Oui ; je l'ai dans la tête.

FLORINDE.

Je crois aussi qu'elle ne l'oubliera pas. C'est une science où les filles & les garçons passent bien-tôt maîtres.

SCENE XXI.

GERONTE, ROSAURE, ELEONORE.

ROSAURE.

Souffrez, mon cher pere, que je vous baise la main.

GERONTE.

Pourquoi donc, ma fille ?

ROSAURE.

Parce que je vais prendre congé de vous, & paſſer dans ma chambre.

GERONTE.

Non, Mademoiſelle, vous demeurerez ici pour ce moment.

ROSAURE.

Comme vous voudrez; je ne ſçais qu'obéir.

ELEONORE.

Et moi, mon pere.

GERONTE.

Pour vous, allez vous-en.

ELEONORE.

Vous êtes peut-être en colére, à cauſe de ce jeune homme? *Bas.* C'eſt la faute de Roſaure, car je ne voulois pas . . . *Haut.* Ceſt une dévote, voyez-vous; mais elle en ſçait autant que le diable. *Elle ſort.*

GERONTE.

Dites-moi un peu, Mademoiſelle la modeſte & la ſcrupuleuſe, eſt-ce là cette belle éducation que vous avez reçue de votre tante? Dès le premier jour que vous rentrez dans la maiſon paternelle vous avez des viſites & des entretiens.

ROSAURE.

Ces entretiens étoient pleins de ſageſſe & de décence.

GERONTE.

Pleins de ſageſſe & de décence ? Je n'en crois pas un mot ; je ne ſuis pas ſi dupe ; je connois le monde. La modeſtie apprend aux filles d'éviter les occaſions de ſe trouver tête à tête avec les hommes ; mais quand on recherche ces entrevûes, & qu'on s'y plaît, cela ne s'appelle pas modeſtie ; mais hypocriſie.

ROSAURE.

Comme l'innocence eſt perſécutée ! Vous portez des jugemens téméraires.

GERONTE.

Oh ça, finiſſons. Je ne veux point chez moi de viſites, ſurtout de ce Monſieur Octave. Souvenez-vous-en bien, & qu'il ne vienne plus ici.

ROSAURE.

Un homme de bien comme celui-là ! Et qui m'enſeignera donc les belles maximes de morale ?

GERONTE.

La morale que vous devez ſçavoir, je vous l'apprendrai. Elle eſt facile, & très-facile ; la voici : obéir à votre pere, aimer votre ſœur, avoir l'œil à la maiſon, ſe montrer rarement aux fenêtres, & ne recevoir perſonne ici ſans ma permiſſion.

ROSAURE.

Ce ſont des propos à tenir aux petites filles, &

aux ſervantes, mais non à des filles d'eſprit, & bien nées.

GERONTE.

Entendez-vous la petite dévote, comme elle ſçait répondre! Vous êtes donc une fille d'eſprit? Je m'en réjouis fort; mais je commande, & c'eſt à elle à obéir.

ROSAURE.

La Loi veut qu'on obéiſſe à ſon pere dans les bonnes choſes, & non dans les mauvaiſes.

GERONTE.

Je vous commande peut-être quelque choſe de mal.

ROSAURE.

Vous m'empêchez de profiter de bonnes lectures.

GERONTE.

Petite ſotte! Je vous interdis plutôt les mauvaiſes.

ROSAURE.

Moi, de mauvaiſes lectures! Moi, qui étois le modéle & l'édification de toutes les filles du quartier, je ferois de mauvaiſes lectures! Courage, mon pere, courage! Je ne m'attendois pas à pareil compliment de votre part. Mais graces au ciel, on ſçait qui je ſuis; ma ſageſſe eſt connue: & malgré vos faux ſoupçons, on ne me reprochera pas d'avoir jamais donné mauvais exemple; &

l'on sçait que .. (je dois rendre gloire à la vérité) que je suis une personne modeste & vertueuse. Que la bonté du ciel vous accompagne toujours, mon cher pere. *Elle sort après lui avoir baisé la main.*

GERONTE.

Bien obligé. Bien obligé. Ma fille a véritablement le caractere de l'hypocrisie. Elle est pleine d'orgueil & de hauteur, au moment qu'elle se vante d'être humble & modeste : voilà comme sont ces femmes qui cachent sous l'apparence d'une bonté affectée, le poison de la vanité la plus rafinée. J'ai cru bien faire, en la mettant sous la direction de sa tante ; & je me suis trompé. Eléonore, qui a été élevée dans la maison, n'est pas dévote ; mais elle porte plus de respect à son pere. Elle ne mene pas une vie si édifiante ; mais elle est docile & soumise. Et je m'apperçois que la meilleure éducation pour les enfans, est celle que donne un pere sage & prudent dans une maison bien réglée.

Fin du premier Acte.

ACTE SECOND.

SCENE PREMIERE.

Le Théatre repréſente la chambre de BEATRIX.

OCTAVE, FLORINDE *ſans épée.*

FLORINDE.

MAis, nous avons mal fait, mon cher maître.

OCTAVE.

Doucement, qu'on ne vous entende pas.

FLORINDE.

Je ne voulois pas aller jouer dans ce tripot; c'eſt vous qui m'y avez mené quaſi par force.

OCTAVE.

Mais, tout bas, je vous prie. Je l'ai fait pour vous divertir, pour vous réjouir; & vous me le reprochez encore.

FLORINDE.

Le beau divertiſſement! J'ai perdu les deux ſequins que ma mere m'avoit donnés.

OCTAVE.

Patience, mon fils, patience. Et moi donc, n'ai-je pas perdu deux ducats qui m'avoient été avancés ſur mon mois ?

FLORINDE.

Et puis j'ai encore joué mon épée d'argent.

OCTAVE.

Et moi j'ai joué la montre que Madame votre mere m'avoit donnée.

FLORINDE.

Mais ce qu'il y a de plus fâcheux, ce ſont les cinq ſequins que j'ai perdus ſur ma parole.

OCTAVE.

Et moi deux.

FLORINDE.

Il faudra les payer.

OCTAVE.

Oui, ſans doute, il le faudra, afin qu'on ne ſçache pas que nous avons joué.

FLORINDE.

Et comment faire ?

OCTAVE.

Il faudra recourir à l'induſtrie.

FLORINDE.

Maudit jeu !

OCTAVE.

Point de groſſes paroles, mon ami, point de malédictions.

FLORINDE.

Que dira mon pere, s'il ne me voit plus d'épée?

OCTAVE.

Laissez moi faire. Je dirai qu'on vous l'a volée; il s'en rapportera plutôt à moi qu'à vous.

FLORINDE.

Oh, que j'ai eu-là une méchante journée!

OCTAVE.

Il valoit beaucoup mieux passer toute la matinée chez le Seigneur Géronte, n'est-ce pas?

FLORINDE.

Ah, oui; cette Eléonore est adorable. Il y avoit si long tems que je voulois lui parler. Mon cher maître, je vous remercie de m'avoir introduit chez elle.

OCTAVE.

Dites-moi, l'épouseriez-vous volontiers, cette Demoiselle Eléonore?

FLORINDE.

Plût au ciel! Mais je ne suis pas encore au moment de me marier.

OCTAVE.

Elle est riche; voyez vous. Son pere n'a pas d'autres enfans que ces deux filles; & elles auront chacune dix mille ducats. *à part.* Si je pouvois avoir la charmante Rosaure!.. Hé, hé, qui sçait?

FLORINDE.

Je me doute que mon pere voudra marier mon frere.

OCTAVE.

Laiſſez-moi le ſoin de cette affaire. Je ménagerai tout pour vos intérêts. Mais, écoutez, j'ai auſſi beſoin de vous...

FLORINDE.

Commandez, mon cher maître ; en tout ce que je puis, vous n'avez qu'à parler.

OCTAVE.

J'ai perdu deux ſequins ſur ma parole ; il faut que vous m'aidiez.

FLORINDE.

Et comment, ſi je n'ai pas moi-même un ſol ?

OCTAVE.

Voilà Madame votre mere ; elle qui vous aime tant, vous tirera d'embarras.

FLORINDE.

J'ai honte.

OCTAVE.

Je vous aiderai. Feignez d'être bien triſte.

FLORINDE.

Oui, vous dites bien ; je ferai comme vous dites. *à part.* Oh, le brave maître !

OCTAVE *à part.*

Oh, l'excellent écolier !

SCENE II.

BEATRIX, *les précédens.*

BEATRIX.

MOnſieur, je ne veux pas que mon fils reſte ſi long-tems hors de la maiſon. En vérité, quand je ne le vois pas, il me ſemble que je ne vis plus.

OCTAVE.

Les meres ſçavent bien ce qu'elles ſentent, & ce qu'elles diſent; ſurtout les meres de votre eſpèce.

FLORINDE.

Nous aurions bien mieux fait de reſter au logis.

OCTAVE.

Oui, aſſurément.

BEATRIX.

Hélas! Qu'eſt-il arrivé? T'eſt-il ſurvenu quelque accident?

FLORINDE.

Ah, rien, rien. *Il ſoupire.*

BEATRIX.

Comment, rien? tu veux me cacher la vérité. Monſieur, dites moi par pitié, ce qui peut chagriner mon pauvre fils.

OCTAVE.

Le pauvre petit ! Il eſt bien mortifié.

BEATRIX.

Mais, pourquoi, pourquoi ? Voulez-vous parler ?

FLORINDE.

Ma chere mere, ne vous mettez pas en colére.

BEATRIX.

Non, mon ami, je ne me mets pas en colére; dis-moi, que t'eſt-il arrivé ? Dis-le à ta bonne ere, qui t'aime tant.

FLORINDE.

Je ne puis; je n'en ai pas le courage.

BEATRIX.

Mais enfin, je perds patience.

OCTAVE.

Madame, je vous le dirai moi.

FLORINDE.

Non, non, ne le dites pas.

BEATRIX.

Tais toi, je veux le ſçavoir.

OCTAVE.

Vous ſçaurez donc, Madame, qu'après être ſortis de la maiſon, Monſieur Lélio, Monſieur Florinde & moi, à peine avions-nous fait trente pas, que Lélio voit une troupe de vagabonds; il les ſalue ; il eſt appellé ; il nous laiſſe, va les joindre, & diſparoît à mes yeux. Je me hâte auſſitôt de les ſuivre, comme il étoit de mon devoir; & je dis à Florinde d'entrer dans une boutique voiſine, & de m'attendre là. Je ne ſçavois pas moi (les accidens inattendus & non prévus !) qu'on donnoit à jouer dans cette maiſon. Le pauvre enfant a vu jouer, l'occaſion l'a tenté ; il a joué ; il a perdu ; & voilà la cauſe de ſon chagrin, & de ſa triſteſſe.

FLORINDE.

Je veux m'aller jetter dans un puits.

BEATRIX.

Non, mon ami, viens, reſte ici. C'eſt donc là tout ce qui te déſeſpére ? Si tu as perdu, patience. Tu as perdu tes deux ſequins ?

OCTAVE *bas à* BEATRIX.

Et il a perdu auſſi ſon épée.

BEATRIX.

Pauvre enfant ! Encore l'épée ?

FLORINDE.

Mais. . . .

BEATRIX.

Doucement, doucement, que mon mari n'en ſçache rien. Nous en acheterons une autre.

OCTAVE *bas à* BEATRIX.

Et il a perdu ſur ſa parole. . .

BEATRIX.

Combien ?

OCTAVE.

Huit ſequins.

BEATRIX *à* FLORINDE.

Eſt ce vrai ? Tu as perdu huit ſequins ſur ta parole ?

FLORINDE.

Huit ?

OCTAVE.

Sans doute huit. Ne vous rappellez-vous pas le compte que nous avons fait ?

FLORINDE.

Ah, c'eſt vrai. *à part.* Il en veut trois pour lui.

BEATRIX.

Huit ſequins ! Comment ferons-nous pour les trouver ?

FLORINDE.

Si mon pere le ſçait, il me bâtonnera.

BEATRIX.

Non, pour l'amour de Dieu, qu'il n'en ſçache rien.

OCTAVE.

Il faut donc, pour qu'il ne le ſçache jamais, les payer vîte.

BEATRIX.

Mais, je ne les ai pas. Quel contretems ! C'eſt ce coquin de Lélio qui en eſt cauſe.

OCTAVE.

Oui; c'eſt lui ſans doute.

FLORINDE.

Ah, ma chere mere, par charité, ne m'abandonnez pas!

BEATRIX.

Je n'ai point d'argent. Monſieur Octave, comment pourroit-on faire, pour trouver ces huit ſequins?

OCTAVE.

Si je les avois, je les donnerois de grand cœur. Vous n'avez pas d'autre reſſource que de les emprunter ſur gage.

FLORINDE.

Ma pauvre mere! Quoi, vous donneriez un gage pour moi? Non, je ne le ſouffrirai certainement pas.

BEATRIX.

Mais, comment donc faire? Ceux qui ont gagné, n'attendroient-ils pas quelques jours?

OCTAVE.

Oh, non, ils n'attendront pas. S'ils ne ſont payés dans la journée, ils viendront ce ſoir trouver Monſieur Pancrace.

FLORINDE.

Et je ſerai battu; je ſerai châtié; je m'en vais tomber malade, & puis je mourrai.

BEATRIX.

Ah, ne me parle pas ainſi : tu me fais glacer le ſang. Allons, allons, il faut vous tirer de peine. Monſieur Octave, prenez cette bague, & mettez-la en gage.

OCTAVE.

Volontiers ; vous ſerez obéie.

FLORINDE.

Ma chere mere, donnez-la moi, donnez-la moi, je la mettrai en gage.

BEATRIX.

Et, petit coquin, tu me ferois encore quelque ſottiſe.

FLORINDE *bas à* BEATRIX.

Non, en vérité. Je l'engagerai pour dix ſequins?

BEATRIX *bas.*

Et que veux-tu faire des deux autres ſequins ?

FLORINDE *bas.*

Je vous le dirai après.

BEATRIX *bas.*

Je veux le ſçavoir.

FLORINDE *bas.*

Je vous le dirai. Mais je ne veux pas que le maître l'entende.

BEATRIX.

Monſieur Octave, allez-vous-en, ſi vous avez quelque choſe à faire.

OCTAVE.

Mais, ne vaudroit-il pas mieux que je fusse chargé de négocier cette bague ?

FLORINDE.

Non, Monsieur, non, Monsieur. Je veux m'en charger moi.

OCTAVE.

Souvenez-vous de vos engagemens.

FLORINDE.

Je sçais tout ; je suis un galant homme.

OCTAVE *à part.*

S'il me trompe, je la lui ferai excroquer. Si je risque d'être chassé de la maison, je veux du moins qu'il m'en revienne quelque avantage.

SCENE III.

BEATRIX, FLORINDE.

BEATRIX.

EH bien, dis-moi : que veux-tu faire de ces deux sequins ? *Florinde rit.* Dis-le moi donc, ne me mets pas en peine.

FLORINDE.

Je veux acheter un bel éventail.

BEATRIX.

Et que feras-tu d'un éventail ?

FLORINDE.

FLORINDE.

J'en ferai présent à une jolie fille.

BEATRIX.

A une jolie fille ? Et de quelle condition ?

FLORINDE.

De bonne condition, & qui me vaut bien.

BEATRIX.

Qui est-elle donc ? Je veux le sçavoir.

FLORINDE.

Je vous le dirai, ma chere mere, je vous le dirai. C'est Mademoiselle Eléonore, fille de M. le Docteur Géronte.

BEATRIX.

Et comment la connois-tu ?

FLORINDE.

Je l'ai vûe par la fenêtre.

BEATRIX.

Lui as-tu parlé ?

FLORINDE.

Oui, Madame.

BEATRIX.

Où ?

FLORINDE.

Chez elle.

BEATRIX.

Comment, tu as été chez elle ?

FLORINDE.

Oui, Madame.

BEATRIX.

Et qui t'y a conduit ?

FLORINDE.

M. le Précepteur.

BEATRIX.

Courage, M. le Précepteur ! Vous conduisez les jeunes garçons chez les filles. Quand il reviendra, je lui en dirai deux mots.

FLORINDE.

Non pas, ma chere mere, je vous prie, ne lui dites rien. Je vous en supplie, ne le grondez pas. Le pauvre homme ! Il est si bon, il m'instruit avec tant d'affection ! Si vous m'aimez, vous ne lui ferez aucun reproche.

BEATRIX.

Eh bien, eh bien, pour l'amour de toi, je ne dirai rien. Mais je ne veux pas qu'on aille chez les jeunes filles.

FLORINDE.

Ah ! Eléonore me plaît si fort ! Je ne puis vivre sans elle.

BEATRIX.

Pauvre enfant ! Tu es amoureux ?

FLORINDE.

Je le suis au suprême dégré.

BEATRIX.

Est-il possible que tu ayes pris si vîte de l'amour?

FLORINDE.

J'en perds, je vous assure, le manger, le boire & le dormir.

BEATRIX.

Tu tomberas malade, si cela va ainsi.

FLORINDE.

Je le sçais bien. J'en tomberai malade, & j'en mourrai.

BEATRIX.

Ta maladie va me jetter dans le désespoir.

FLORINDE.

Si vous vouliez, il seroit aisé de remédier à tout cela.

BEATRIX.

Comment?

FLORINDE.

Si vous me permettiez de l'épouser, tout iroit bien.

BEATRIX.

Moi, pour te satisfaire, j'y consentirois volontiers; mais ton pere ne voudra pas y consentir.

FLORINDE.

Oh! pourvû que vous le vouliez, il ne dira pas, non.

BEATRIX.

Cela sera difficile. Il voudra marier d'abord ton frere aîné.

FLORINDE.

Et moi, ſçavez-vous ce que je ferai?

BEATRIX.

Que feras-tu?

FLORINDE.

Je m'en irai, je me ferai ſoldat, & vous ne me verrez plus.

BEATRIX.

Tais-toi, petit méchant, tais-toi, tu me fais mourir. Et tu aurois le cœur d'abandonner ta mere?

FLORINDE.

Et vous avez bien le cœur de voir ſouffrir votre fils unique.

BEATRIX.

Si cela dépendoit de moi, je te tirerois de peine.

FLORINDE.

Il ne tient qu'à vous, ſi vous le voulez. Voilà mon pere: ne perdez pas de tems. Parlez-lui vîte, & ſoyez ſûre que ſi entre aujourd'hui & demain je n'épouſe pas Eléonore, je prends un lacet pour me pendre.

SCENE IV.

BEATRIX, PANCRACE.

BEATRIX *à son fils qui sort.*

ARrête, écoute. Hélas! En quel embarras je me trouve! J'aime ce fils plus que moi-même, & l'amour que j'ai pour lui, me fait fermer les yeux sur tout ce qui peut être préjudiciable à mon époux, à ma famille, à moi-même. *A Pancrace.* Bon jour.

PANCRACE *d'un air troublé.*

Bon jour à Madame.

BEATRIX.

Qu'avez vous? Vous me paroissez un peu troublé.

PANCRACE.

Eh! rien, rien. Je suis un peu fatigué.

BEATRIX.

Voulez-vous vous asseoir?

PANCRACE.

Oui dà. Je m'asseoirai volontiers. N'y a-t-il personne ici pour m'apporter un siége?

BEATRIX.

Il n'y a personne. Je vous en donnerai un, moi.

PANCRACE.

Oh, Madame ! Que je vous ſuis obligé !

BEATRIX *à part.*

Il faut le prendre par la douceur.

PANCRACE *à part.*

C'eſt aujourd'hui un jour de belle lune.....Où ſont les enfans ?

BEATRIX.

Florinde étudie Pour Lélio, Dieu ſçait où il eſt.

PANCRACE.

Mais, eſt-ce qu'ils ne ſont pas rentrés enſemble ?

BEATRIX.

Oh, jugez : Lélio a planté là ſon maître.

PANCRACE.

Il a quitté ſon maître ? Je l'attends à ſon retour pour lui en dire de belles.

BEATRIX.

Il viendra à table vers l'heure du dîner avec ſon aiſance ordinaire ; & loin de le gronder, vous le laiſſerez manger ſans lui dire une parole.

PANCRACE.

Je ne ſçais point crier à table. Si mes enfans ont fait quelque faute, j'aime mieux les envoyer manger dans leur chambre, & je les mortifie ainſi ſans gronder.

BEATRIX.

Tenez : jusqu'à ce que vous ayez pris la résolution de renvoyer Lélio de la maison, nous n'aurons jamais la paix ici.

PANCRACE.

Pourquoi ? Que vous fait-il donc encore ?

BEATRIX.

Il inquiéte tout le monde, il me manque de respect, il bat son pauvre frere & le maltraite, il se mocque de son maître, il excéde tous les domestiques, en un mot il est insupportable.

PANCRACE.

Je ne dis pas que Lélio soit la meilleure créature du monde. Mais je ne lui ai encore rien vû faire de tout ce que vous dites là.

BEATRIX.

On sçait bien qu'il ne faut pas toucher à votre premier né.

PANCRACE.

Dites-moi un peu, ma chere, peut-on parler, une fois du moins, franchement entre mari & femme, là sans aigreur & à cœur ouvert ?

BEATRIX.

Je ne parle pas autrement, & vous ne pouvez pas dire que je sois de ces femmes qui trouvent à redire à tout.

PANCRACE.

Eh bien, venez ici. Asseyez-vous à côté de moi, & causons d'une chose qui me tient fort à cœur, & qui doit vous intéresser également.

BEATRIX.

Dites. Je vous écoute.

PANCRACE.

On m'a dit que le Docteur Géronte veut marier une de ses filles.

BEATRIX.

Ce sera, je m'imagine, son Eléonore; car Mademoiselle Rosaure vit retirée avec sa tante, & ne veut pas, dit-elle, se marier.

PANCRACE.

Eh bien, c'est donc Mademoiselle Eléonore. Un ami qui me veut du bien, m'a fait songer à ce parti; & voyant que j'avois deux fils, il m'a fait toucher au doigt que je ne pourrois trouver rien de mieux pour en établir un.

BEATRIX *à part.*

Ceci pourroit être une bonne affaire pour Florinde.

PANCRACE.

Que dites-vous de cette proposition? S'offre-t-il à votre esprit quelque difficulté? Parlez-moi librement. Autant que j'en sçais, la fille est sage & bien élevée. Mais comme vous autres femmes, ſçavez tous les propos & toutes les anecdotes des familles, dites-moi s'il y a quelque choſe dans cette alliance qui pût vous faire de la peine?

BEATRIX.

Au contraire, je ſçais que Mademoiſelle Eléonore eſt très-décente & très-convenable, qu'elle a de bonnes mœurs, un maintien honnête; & puis quand elle auroit quelque défaut, cela ſe corrigeroit auprès de moi.

PANCRACE.

Oh! pour cela, je n'en ſçais rien.

BEATRIX.

Pourquoi?

PANCRACE.

Parce qu'il y a très-peu de brus qui veuillent écouter les leçons des belles-meres.

BEATRIX.

Oh, avec moi, il faudra bien qu'il en ſoit ainſi.

PANCRACE.

Je vois déja qu'au bout de trois jours la belle-mere & la bru ſeront pis que chien & chat enſemble.

BEATRIX.

Mais dites-moi une choſe qui me touche de plus près. Auquel de vos deux fils comptez-vous donner une femme?

PANCRACE.

A Lélio.

BEATRIX *d'un ton ironique.*

Fort bien, à merveille. Etablir le méchant, & ne pas songer au bon.

PANCRACE.

S'il étoit d'un caractere si mauvais & si insupportable, qu'il dût faire le deshonneur d'une maison, & le malheur d'une pauvre fille, je me garderois bien de le marier. Je sçais que si les jeunes gens qui ont des sentimens, en deviennent meilleurs par le mariage, les mauvais sujets en revanche en deviennent pires.

BEATRIX.

Mais, dites-moi : y auroit-il un grand inconvénient à marier le second au lieu du premier ?

PANCRACE.

Je ne puis faire ce tort à l'aîné. Le privilége de l'âge, (privilége qui naturellement conduit aussi plus vîte à la mort) veut qu'il y ait dans les familles certaines préférences entre les enfans. Celui qui est né le premier, doit être établi le premier.

BEATRIX.

Oh, pour le coup vous me faites rire. Vous en pouvez bien marier deux à la fois, & même quatre, si vous les aviez.

PANCRACE.

Ouidà, Madame, pour les réduire tous à la mendicité. La multiplicité des mariages est la ruine d'une famille. Il suffit, pour la perpétuer, qu'un des enfans se marie.

BEATRIX.

Et si celui-là ne vouloit pas se marier ?..

PANCRACE.

S'il ne vouloit pas, un pere ne pourroit l'y obliger. Car je tiens pour maxime qu'un pere peut disposer de son fils en toutes occasions, excepté dans le choix d'un état.

BEATRIX.

Si un fils prend de l'amour & se marie, un pere n'a donc rien à lui reprocher ?

PANCRACE.

Vous m'étonnez. Un fils sans doute ne doit pas choisir une femme, sans que son pere le sçache.

BEATRIX.

Mais ne dites-vous pas que dans le choix d'un état, on ne doit pas gêner son fils ?

PANCRACE.

Oui, Madame, je l'ai dit ; mais si vous ne m'avez pas bien compris, je m'expliquerai. Un pere ne doit pas forcer l'inclination de son fils, quand il s'agit de prendre un parti ; mais un fils ne doit pas faire cette démarche sans le consentement de son pere.

BEATRIX.

Oh çà, puiſque nous ſommes ſur ce chapitre, il faut lever le maſque. Vous avez envie de donner un état à Lélio, & moi, à Florinde. Nous pouvons nous ſatisfaire tous les deux.

PANCRACE.

Comment, nous pouvons nous ſatisfaire tous les deux ? Quel langage eſt cela ? La volonté d'une femme ne doit pas être différente de celle de ſon mari. Tous les deux ſont mes fils : c'eſt à moi à ſonger à leur établiſſement ; & vous ne devez pas vous mêler de ſemblables affaires.

BEATRIX.

Florinde eſt mon enfant.

PANCRACE.

C'étoit votre affaire de le mettre au monde. Le reſte me regarde.

BEATRIX.

Vous ne penſez jamais qu'à votre aîné, & vous ſçavez bien pourquoi. C'eſt parce que votre premiere femme eut tout votre amour. Vous me voyez, moi, de mauvais œil.

PANCRACE.

Je vous aime ; mais pour vous parler à cœur ouvert, ſi vous aviez les qualités & les vertus qu'avoit ma premiere femme d'heureuſe mémoire, je vous chérirois encore davantage.

BEATRIX.

Voilà votre chanſon ordinaire. Vous n'avez à me jetter au nez que le ſouvenir de votre premiere femme.

PANCRACE.

Oh, elle ne me diſoit jamais : *Vous avez envie de ceci, & moi de cela : Vous le voulez ainſi, & moi comme cela.* Ah, pauvre femme ! Je me ſouviendrai de toi tant que je vivrai.

BEATRIX.

Eh bien, voyez moi de bon ou de mauvais œil, peu m'importe. Mon fils me touche davantage. Si vous ne ſongez pas à l'établir, j'y penſerai moi.

PANCRACE.

Oui ! Et comment, je vous prie ?

BEATRIX.

Avec ma dot. Je puis faire de ma dot ce que je veux, ce me ſemble.

PANCRACE.

Quand je ſerai mort, tant qu'il vous plaira, mais non pendant que je vis. Ah çà, je vous ai fait part, par attention pour vous, du mariage que je veux faire. Si vous l'agréez, tant mieux : s'il ne vous plaît pas, je ne ſçaurois qu'y faire. Je vais le propoſer à mon fils. Je verrai ce qu'il me dira. S'il en eſt content, avant la fin du jour je demande la fille, & je paſſe le contrat.

BEATRIX.

Le mien ne peut donc pas espérer de se marier ?

PANCRACE.

Non, Madame, pour le présent il n'est pas question de mariage pour lui.

BEATRIX.

Cette maxime ne s'accorde guères avec celle de laisser aux enfans le choix de leur état.

PANCRACE.

Que les femmes ont d'esprit & de finesse, quand il y va de leurs intérêts ! Eh bien, Madame, soit ! Oui, ces deux maximes ne s'accordent pas ; mais écoutez, & apprenez ce qui résulte de ces deux maximes. C'est que si les enfans sont heureux de pouvoir se choisir librement leur état, les familles le sont encore davantage de n'être pas ruinées par les enfans, lorsqu'ils choisissent leur état. Un fils qui a la liberté de se décider, & qui se décide avec prudence, répond par sa résignation à la liberté qu'on lui laisse. Je vous parle comme il ne convient pas de parler à une femme ; mais je parle comme je l'entends, & je sçais que vous m'entendez de reste vous-même. Car vous autres femmes, vous avez de l'esprit, vous avez de la raison ; & ce seroit un grand bonheur, si vous vouliez l'employer au bien.

Il sort.

BEATRIX.

Après un tel déjeûner, je puis bien me passer de dîner. Il peut faire, il peut dire tout ce qu'il voudra; Florinde est mon fils, je l'aime tendrement. S'il est vrai qu'Eléonore l'aime, elle le oudra lui, & non pas Lélio. Je sç urai ce qui n est. J'irai moi-même chez M. Géronte; j'y menerai mon fils, & il se mariera en dépit de on mari. Quand nous autres femmes, nous mettons une chose dans la tête, le diable ne sçauroit l'en tirer.

SCENE V.

Le Théâtre représente un autre appartement de la maison de Pancrace.

COLOMBINE, FLORINDE.

COLOMBINE *fuyant devant Florinde.*

Llons, laissez-moi, vous dis-je?

FLORINDE.

Arrêtez, écoutez un seul mot.

COLOMBINE.

Si vous voulez que je vous écoute, tenez donc os mains en repos.

FLORINDE.

Je ne vous touche pas.

COLOMBINE.

Si vous n'êtes pas ſage, je le dirai à votre pere.

FLORINDE.

Eſt-il poſſible que je vous aime tant, & que vous ne puiſſiez ſupporter ma vûe ?

COLOMBINE.

Je ne puis vous voir, parce que vous êtes un impudent.

FLORINDE.

Chere Colombine, pardonnez ſi je m'oublie quelquefois à votre égard ; c'eſt un effet de l'amour exceſſif que j'ai pour vous.

COLOMBINE

A d'autres ; je ne vous en crois pas.

FLORINDE.

Ecoutez, Colombine. Dès le premier jour que vous êtes entrée dans cette maiſon, j'ai conçû de l'amour pour vous. Chaque jour il s'eſt accrû au point que je ne puis plus y réſiſter. Votre modeſtie a achevé de m'embraſer, & je me ſuis épris de vous juſqu'à vous épouſer, ſi vous le voulez.

COLOMBINE.

M'épouſer ?

FLORINDE.

Aſſurément.

COLOMBINE.

COLOMBINE.

Si je croyois que vous mouruſſiez au bout de trois jours, je vous épouſerois.

FLORINDE.

Pourquoi donc, cruelle, pourquoi ?

COLOMBINE.

Parce que je ſuis ſûre qu'au bout de trois jours vous vous en repentiriez.

FLORINDE.

Et comment pourrois-je me repentir d'une choſe que j'aurois faite de ſi bon cœur ?

COLOMBINE.

Quoi ? Vous voulez que je croye que vous avez de l'inclination pour moi, quand vous êtes amoureux de toutes les filles ?

FLORINDE.

Moi ? Cela n'eſt pas vrai. Il y a trois mois que je n'ai regardé une fille en face, & cela par amour pour vous.

COLOMBINE.

Et moi, je ſçais que ce matin vous êtes allé chez une belle Demoiſelle.

FLORINDE.

Qui vous l'a dit ?

COLOMBINE.

J'en ai entendu parler entre Madame votre mere & votre Précepteur.

FLORINDE.

Cela est vrai. Celle que j'ai été voir, est une fille qu'ils voudroient me faire épouser ; mais je n'en veux point, parce que je suis uniquement charmé de mon adorable Colombine.

COLOMBINE *à part.*

S'il disoit vrai, je tenterois ma fortune.

FLORINDE.

Eh bien, que dites-vous ? Voulez-vous me voir mourir ?

COLOMBINE.

Que diroit de moi Madame votre mere ?

FLORINDE.

Rien. Quand il s'agit de me satisfaire, elle consent à tout. Ma mere m'aime. Je gage que quand elle sçaura mon inclination, elle donnera les mains à notre mariage.

COLOMBINE.

Et Monsieur votre pere !

FLORINDE.

Quant à lui, qu'il dise ce qu'il voudra. Ma mere m'a toujours dit que s'il m'abandonnoit, elle avoit sa dot pour me soutenir.

COLOMBINE.

Si je pouvois espérer que la chose tournât ainsi.

FLORINDE.

Oui, ma chere, n'en doutez pas, tout ira bien.

Pour gage de mon amour, recevez un tendre embrassement....

COLOMBINE.

Oh doucement ! C'est aller un peu trop vîte.

FLORINDE.

Et quand donc me sera-t-il permis de vous embrasser ?

COLOMBINE.

Quand vous m'aurez épousée.

FLORINDE.

Je vous épouse tout à l'heure, si vous voulez.

COLOMBINE.

Où est l'anneau nuptial ?

FLORINDE.

Je l'avois pris exprès pour vous. Le voilà.

COLOMBINE.

C'est une bague de Madame votre mere.

FLORINDE.

Oui ; mais elle me l'a donnée.

COLOMBINE.

Pourquoi faire ?

FLORINDE.

Pour la mettre au doigt de mon épouse.

COLOMBINE.

Mais de quelle épouse ?

FLORINDE.

De celle qui me plairoit le plus.

COLOMBINE.

Quand elle ſçaura que c'eſt moi, elle ne ſera contente.

FLORINDE.

Si je le ſuis, elle le ſera. Allons, que je vous paſſe cet anneau au doigt.

COLOMBINE.

Et puis....

FLORINDE.

Et puis, & puis, ne vous embarraſſez plus du reſte.

COLOMBINE *à part*.

Soit à tout événement, la bague me reſtera.

FLORINDE.

La prenez-vous, ou non?

COLOMBINE.

Je la prends, je la prends.

FLORINDE.

La voilà, ma chere Colombine.

SCENE VI.

OCTAVE, LES PRECEDENS.

OCTAVE.

QUe faites-vous ?

FLORINDE.

Chut !

COLOMBINE *à part.*

Ah, je suis perdue !

FLORINDE *bas à Octave.*

Je fais accroire à cette fille que je vais l'épouser.

OCTAVE *bas.*

Mais, la bague ? Les dix sequins ? *Haut.* Cela n'est pas bien.

COLOMBINE.

Monsieur Octave, pour l'amour de Dieu, ayez pitié de moi. Je ne le voulois, ni ne le veux encore. Mais il me tourmente, & m'y force.

OCTAVE.

Ce n'est rien, ma fille, ce n'est rien. Ne vous méfiez pas de moi. Je sçais compâtir à la foiblesse humaine. Le pauvre garçon est amoureux de vous, vous êtes amoureuse de lui ; je vous le pardonne.

FLORINDE.

Qu'en dites-vous, mon cher maître ? Ce mariage vous paroît-il faisable ?

OCTAVE.

Il est faisable, il est faisable.

COLOMBINE.

Mais après, il va s'élever mille bruits, mille tracas.

OCTAVE.

Fiez-vous à moi, ne craignez rien. Mais si vous voulez que je m'employe pour le succès de votre mariage, il faut que vous fassiez une charité : ce n'est pas pour moi, mais pour une pauvre fille dont la vertu est en danger.

COLOMBINE.

Dites-moi ce que je puis, & je le ferai volontiers.

OCTAVE.

Une paire de bracelets peuvent faire marier une fille. Vous en avez deux paires. Donnez-m'en une, que je la porte à cette pauvre enfant. Elle se mariera ; sa vertu sera en sureté, & je vous en aurai une obligation éternelle.

COLOMBINE.

Mais ces bracelets, Monsieur, sont le fruit de mon travail & de mes peines.

FLORINDE.

Eh ! n'importe. Donnez-les lui ; je vous en acheterai une paire beaucoup plus belle.

COLOMBINE *bas.*

Je comprends. Mes bracelets sont perdus. *Haut.* S'il ne faut que ces bracelets, Monsieur, pour m'assurer la main de M. Florinde, je suis prête à les sacrifier. Mais, *bas*, les larmes aux yeux.

OCTAVE.

Reposez-vous sur moi.

COLOMBINE.

Les voilà.

FLORINDE.

O ma chere ! ô la belle enfant ! Je vois à présent que vous m'aimez.

COLOMBINE.

Si vous me trompez, le Ciel vous punira.

FLORINDE *bas à Octave.*

Souvenez-vous au moins que c'est à charge de revanche.

OCTAVE *bas.*

Ceux-ci sont pour moi.

FLORINDE.

Et bien, Monsieur, lui donnerai-je la bague ?

OCTAVE.

Oui, donnez-la lui. La pauvre petite ! Donnez-la lui.

FLORINDE.

La voilà, ma chere amie.

OCTAVE.

Eh vîte, vîte ! Voilà Monſieur votre pere....

COLOMBINE.

Ah, quel malheur ! Donnez donc la bague.

FLORINDE.

Je ne veux pas qu'il me voye. Allez, je vous la donnerai tantôt.

COLOMBINE *à Octave*.

Rendez-moi mes bracelets.

OCTAVE.

Etes-vous folle ?

COLOMBINE.

Ou la bague, ou les bracelets ; que j'aye quelque choſe.

FLORINDE *montrant Pancrace avec inquiétude*.

Le voilà, le voilà. Retirez-vous.

COLOMBINE.

Ah, pauvre fille ! J'ai fait une bonne affaire !

FLORINDE.

De peur que mon pere ne me voye, je vais me retirer dans cette chambre ; & s'il y entre, je m'enferme dans l'armoire ; car j'ai tant peur de lui....

SCENE VII.

OCTAVE, PANCRACE.

OCTAVE *à part.*

QUand un fils évite la présence de son pere, c'est mauvais signe.

PANCRACE.

Monsieur, où avez-vous mené mes enfans ce matin ?

OCTAVE.

Je ne sçaurois vous rendre compte de Lélio.

PANCRACE.

Pourquoi ? Que s'est-il passé ? Est-ce qu'il n'est pas encore rentré ? Ah Dieu ! Il lui sera arrivé quelque malheur.

OCTAVE.

Ne vous chagrinez pas tant pour un fils si méchant.

PANCRACE.

C'est mon fils, c'est mon sang, je l'aime ; & quand je ne l'aimerois pas, je m'en inquiéterois du moins pour ma réputation. L'honneur des peres & le crédit des familles dépend de la bonne conduite des enfans.

OCTAVE.

Bon. A peine avions-nous passé le seuil de la

porte, qu'il a rencontré une troupe de gens que je ne connois pas, mais qui, je crois, ne peuvent être que des vagabonds. Il nous a d'abord laiſſés là pour s'en aller avec eux, & nous ne l'avons plus revû.

PANCRACE.

Vous deviez l'arrêter, vous deviez le ſuivre.

OCTAVE.

Mais, Monſieur, je ne ſuis plus d'un âge à pouvoir courir.

PANCRACE.

Qu'il vienne, qu'il vienne ce malheureux! Mais dites-moi, mon cher Monſieur : & Florinde, où l'avez-vous mené ?

OCTAVE.

Je l'ai conduit à une Thèſe de morale.

PANCRACE.

Vous n'êtes pas allés chez M. le Docteur Géronte ?

OCTAVE.

Je ne ſçais pas même où il demeure.

PANCRACE.

On m'avoit pourtant dit que Florinde avoit été ce matin chez lui.

OCTAVE.

O les mauvaiſes langues! Je ne l'ai pas perdu de vûe un inſtant.

PANCRACE.

Prenez bien garde de ne pas m'en impofer.

OCTAVE.

Moi vous en impofer? O Ciel! Qu'entens-je là!

PANCRACE.

On me l'avoit dit; mais il fe peut que cela ne foit pas vrai.

SCENE VIII.

LELIO, *les* PRECEDENS.

LELIO.

MOn pere....

PANCRACE.

Courage, Monfieur mon fils! Où avez-vous été jufqu'à ce moment?

LELIO.

J'ai été chez Monfieur *Fabrice Ardent*, pour régler ce compte des laines d'Efpagne.

OCTAVE *bas à* PANCRACE.

N'en croyez rien; cela ne fera pas vrai.

PANCRACE.

Fauffes excufes! Vous aurez été peut-être avec vos camarades. Et Dieu fçait où.

LELIO *donnant une bourfe à* PANCRACE.

Tenez, voilà trois cens écus qu'il m'a donnés,

pour reste & solde de nos comptes.

PANCRACE prend la bourse & regarde OCTAVE.

OCTAVE *à part.*

J'aurois mieux fait d'aller avec lui ; j'aurois peut-être attrapé quelque chose de ces trois cens écus.

PANCRACE.

Avez-vous bien fait attention à la partie des fournitures, & à celle des reçus ?

LELIO.

L'attention la plus exacte. J'ai tout recompté jusqu'à trois fois. J'ai été plus de deux heures à ce calcul, au point de m'arracher les yeux, à force d'application.

OCTAVE.

Voyez, Monsieur ; c'est le fruit de mes leçons. Un bon maître fait de bons écoliers.

PANCRACE.

Mais vous m'avez toujours dit qu'il n'apprenoit rien.

OCTAVE.

Oh, mais... il faut bien qu'il apprenne quelque chose.

LELIO.

J'ai plus appris de moi-même, que par le secours de mon maître.

OCTAVE.

Quelle ingratitude ! Le Ciel vous punira.

LELIO.

Bon, bon, nous nous connoiſſons.

PANCRACE.

C'eſt aſſez, c'eſt aſſez. Dites-moi un peu, pourquoi laiſſez-vous votre Précepteur & votre frere de ſi mauvaiſe grace ? Pourquoi les quitter ſans rien dire ?

LELIO.

Je leur ai dit : Monſieur Fabrice m'a appellé ; & j'ai demandé la permiſſion à Monſieur le maître d'aller le joindre.

OCTAVE.

Je ne vous ai pas entendu.

LELIO.

Et quand Monſieur Fabrice m'a dit d'aller à ſon comptoir, je ſuis retourné pour en avertir mon maître, & je ne l'ai plus trouvé.

OCTAVE.

Je ne vous ai plus revu.

PANCRACE.

Eh bien, prenez cet argent ; portez-le dans cette chambre, & fermez-en la porte.

LELIO.

J'y vais à l'inſtant. *Il entre dans la chambre où Florinde eſt caché.*

OCTAVE *bas à* PANCRACE.

Ne lui confiez pas cette bourſe; il vous en excroquera quelque choſe.

PANCRACE *bas.*

Et pourquoi ne me fiérois-je pas à lui, puiſqu'il me l'a apportée ?

OCTAVE *bas.*

J'irai plutôt la ſerrer, moi.

PANCRACE.

Je ne veux pas que vous preniez cette peine.

OCTAVE *à part.*

Il va trouver Florinde ; ils feront du bruit. Mais celui-ci ſe cachera peut-être,

PANCRACE.

Voyez-vous, Monſieur, vous penſez toujours mal ; vous mettez du ſcandale à tout. Je vous ai pourtant oui dire bien des fois, qu'il ne faut pas porter des jugemens téméraires. Que dans le doute, on doit interpréter les choſes en bien ; qu'on doit ménager le prochain, & ne pas brouiller les enfans avec leurs peres ; mais vous, Monſieur, qui enſeignez toutes ces belles maximes, vous faites pire que les autres. Celui qui donne de bonnes leçons, & n'en fait point uſage, pardonnez-moi la comparaiſon, fait juſtement comme les ânes qui portent le vin, & boivent de l'eau.

OCTAVE.

Mais ſi vous prenez mes diſcours en mauvaiſe part, je ne dirai plus rien.

SCENE IX.

TRASTULLE, LES PRÉCÉDENS.

TRASTULLE.

SI Monsieur veut ordonner qu'on serve, tout est prêt.

PANCRACE.

Demandez-le à elle.

TRASTULLE.

A elle ?

PANCRACE.

Oui, vous dis-je, à elle.

TRASTULLE.

Excusez-moi, Monsieur; qui est cette elle ?

PANCRACE.

Oh, mon ami, c'est ma femme! Vous avez ervi tant de tems à Venise, & vous ne sçavez as encore, que quand on nomme le maître ou a maîtresse de la maison, on dit, lui, elle. Est-l rentré, lui ? Est-elle levée, elle ? Eh bien, de-andez-le donc à elle.

TRASTULLE.

Je vais donc dire à elle, de la part de lui, de enir, elle, dîner avec lui.

SCENE X.

PANCRACE, OCTAVE, *ensuite* LELIO.

PANCRACE.

CE valet me paroît un maître fourbe.

OCTAVE.

Prenez garde qu'il ne donne de mauvais exemples à vos enfans, & ne venez pas dire après que c'est moi.

PANCRACE.

Faites votre devoir, & ne vous inquiétez pas du reste.

OCTAVE.

C'est le zéle Monsieur, le pur zéle qui me fait parler.

LELIO sort de la chambre, & la ferme à clef.

OCTAVE *à part.*

Lélio ferme la chambre. Bon, Florinde se sera caché.

LELIO.

Me voici, mon pere. J'ai mis votre argent sur la petite table; & voilà la clef de la chambre. *Il la lui donne.*

PANCRACE.

Vous avez été bien long-tems.

OCTAVE

OCTAVE *bas à* PANCRACE.

Je gagerois qu'il a mis trois ou quatre écus dans sa poche.

PANCRACE *bas à* OCTAVE.

Quand j'irai dans cette chambre, je les compterai. *à part.* Cet homme me fait enrager. *Haut.* Lélio, venez avec moi au change. Avant de nous mettre à table, il faut jetter un coup d'œil sur un petit compte du Levant, dont le payement doit écheoir aujourd'hui; je ne veux pas faire attendre les gens.

LELIO.

Je suis prêt à vous obéir.

OCTAVE.

Monsieur Pancrace, il y a deux heures que midi st sonné. Est-ce qu'on ne mange plus ici?

PANCRACE.

Un peu de patience; Quand je mangerai, vous mangerez aussi.

OCTAVE.

Oh, ce train de vie ne me convient pas.

PANCRACE.

S'il vous déplaît, tâchez de trouver mieux illeurs.

LELIO.

Vous ne sçavez que manger. Voilà à quoi vous tes bon.

SCENE XI.

OCTAVE, FLORINDE.

OCTAVE.

Je n'Irai donc manger à la cuisine. Je n'ai d'autre bien dans le monde, que de bonnes dents pour mâcher, & un bon estomac pour digérer.

FLORINDE *avançant la tête hors de la porte.*

Monsieur le Précepteur.

OCTAVE.

Que faites vous-là ?

FLORINDE.

N'y a-t-il personne ?

OCTAVE.

Personne.

FLORINDE.

Doucement.

OCTAVE *à part.*

Voyons s'il en aura fait de belles.

FLORINDE.

La fortune n'abandonne jamais personne. Voilà le sac.

OCTAVE.

Vous l'avez pris.

FLORINDE.

Oui, escamoté ?

OCTAVE.

Bon, courage! Comment avez-vous fait?

FLORINDE.

Quand Lélio est entré, je me suis caché dans l'armoire; ensuite j'ai pris le sac, & j'ai ouvert la porte en dedans, sans la moindre peine.

OCTAVE.

Mais voilà la porte ouverte à présent.

FLORINDE.

Elle ferme à la trappe & sans clef. Je vais la fermer tout à l'heure. Personne ne sçait que j'ai été là dedans; personne ne peut me soupçonner.

OCTAVE.

Souvenez-vous que j'en veux ma part.

FLORINDE.

Volontiers.

OCTAVE.

Il y a trois cens écus; c'est cent cinquante pour chacun.

FLORINDE.

Fort bien; laissez-moi aller cacher le sac, & ce soir nous le partagerons.

OCTAVE.

Donnez-le, je le cacherai, moi.

FLORINDE.

Oh, je ne me fie pas à vous.

OCTAVE.

Ni moi à vous.

FLORINDE.

C'eſt moi qui ai pris l'argent.

OCTAVE.

Si vous ne m'en donnez ma part, je vais le dire à votre pere tout à l'heure.

FLORINDE.

Et comment pourrons-nous faire ?

OCTAVE.

Il n'y a perſonne ici. Vîte, vîte, partageons la bourſe.

FLORINDE.

Nous prendrons au hazard, ſans compter.

OCTAVE.

Allons, allons, mettez-là. *Il préſente ſon chapeau, & Florinde y jette une partie de l'argent.*

FLORINDE.

Oh, en voilà aſſez. Je crois que votre part eſt juſte.

OCTAVE.

Faites une choſe. Prenez les écus du chapeau, donnez-moi le ſac, & vous allez voir le joli tour que je vais jouer.

FLORINDE.

Soit, c'eſt pour moi la même choſe.

OCTAVE.

Je rentre à l'instant. Ne fermez pas la porte de cette chambre ; il faut du jugement dans ces occasions. *Il sort.*

SCENE XII.

FLORINDE, TRASTULLE.

FLORINDE.

CEt argent n'est pas bien dans le chapeau ; je vais le mettre dans la poche.

TRASTULLE *à part.*

Bon, c'est de l'argent. Sûrement il l'a volé ; j'en veux ma part. *Haut.* Monsieur Florinde, je m'en réjouis, & je vous en félicite.

FLORINDE.

Doucement, n'en dites mot à mon pere.

TRASTULLE.

Que je ne lui dise rien ? Oh, pardonnez moi, je suis un domestique fidéle, & ces sortes de choses ne doivent pas se cacher à un maître.

FLORINDE.

Tenez, prenez ces écus, & taisez-vous.

TRASTULLE.

Ah! Vous me fermez la bouche de façon, que je ne pourrai parler de cent ans. Bien plus, si vous avez besoin de mon petit secours, vous pouvez commander, & vous verrez comme je vous servirai. Quand les enfans de famille s'entendent avec les domestiques, rarement le maître découvre-t-il la vérité.

SCENE XIII.

FLORINDE, OCTAVE.

FLORINDE.

VIte, vîte, que j'empoche ceux-ci.

OCTAVE.

Voilà le sac.

FLORINDE.

Est-il plein ?

OCTAVE.

Oui, plein ; mais devinez de quoi ? De cendres, avec des balles de fer & de plomb en dedans. Mettez-le sur la petite table où il étoit. De cette maniere, il peut arriver que Monsieur Pancrace ne s'apperçoive pas si tôt de notre coup, ou qu'il en rejette la faute sur quelqu'autre.

FLORINDE.

Fort bien, vous avez raison. Donnez ; je vais le remettre à la même place. *Il entre dans la chambre.*

OCTAVE *seul.*

Je prévois que cette friponnerie ne tardera pas

à éclater. Mais c'est précisément pour cela qu'il faut que je pourvoie à mes besoins à venir; déja... en tout cas... je me tirerai d'affaire, en disant, que je n'en sçais rien.

FLORINDE *ferme la porte.*

Me voilà; tout est rangé, comme si l'on n'y avoit pas touché.

OCTAVE.

Eh bien, qu'en dites-vous ? Suis-je un homme de tête ?

FLORINDE.

Vous êtes admirable.

OCTAVE.

Allons voir, si l'on donne à dîner dans cette maison.

FLORINDE.

Oui, & après dîner, nous irons nous amuser avec cés petites piéces.

OCTAVE.

Nous ferons un peu la vie.

FLORINDE.

Nous jouerons.

OCTAVE.

Nous irons chez la bonne amie.

FLORINDE.

Et vive la joie!

OCTAVE.

Tant que l'argent durera; mais si l'on nous découvre !

FLORINDE.

Ma mere raccommodera tout.

SCENE XIV.

Le Théatre représente la salle à manger de PANCRACE, *avec une table dressée.*

PANCRACE, LELIO, TRASTULLE, ARLEQUIN.

PANCRACE.

Allons, mettez le service.

Arlequin & Trastulle vont chercher les plats.

PANCRACE *à Lélio.*

Nous avons quatre-cens écus à payer aux Lévantins; il faudra prendre les trois cens que vous a donnés Monsieur Fabrice; & voilà les cent autres dans cette bourse en bons sequins.

Arlequin porte les mets, en commençant par le fromage, les fruits & le dessert à la fin: Pancrace s'impatiente.

Trastulle porte la soupe. Arlequin se met à table pour dîner. Pancrace le chasse.

SCENE XV.

OCTAVE, LES PRECEDENS.

OCTAVE.

OH, me voici, me voici.

PANCRACE.

Et ma femme, où est-elle ?

OCTAVE.

Elle va venir. En attendant, commençons. *Il se met à table.*

PANCRACE.

Elle sera avec son cher fils.

OCTAVE.

Monsieur Pancrace, la soupe se réfroidit.

PANCRACE.

Attendons que Madame vienne.

OCTAVE.

Nous la mangerons froide.

LELIO *à part.*

Cet homme ne sçait que manger.

PANCRACE.

La voilà, la voilà ; allons, mettons-nous à table.

SCENE XVI.

BEATRIX, FLORINDE, LES PRECEDENS.

FLORINDE.

MOn cher pere, permettez que je vous baise les mains.

PANCRACE.

Allons, allons, à table. *Béatrix & Florinde s'asseyent.* Quelle nouveauté, Madame, de venir à table en panier?

BEATRIX.

Je dois sortir d'abord après dîner.

PANCRACE.

Pour aller où? peut-on le sçavoir?

BEATRIX.

Chez ma commère

PANCRACE.

Fort bien. Saluez-la de ma part.

Octave, tandis que ceux-ci parlent, se sert à lui-même une bonne assiétée de potage. Lélio veut aussi prendre de la soupe.

PANCRACE.

Attendez, Monsieur, ayez du sçavoir vivre, & ne mettez pas la main au plat avant les autres.

LELIO.

Mais notre maître m'en a donné l'exemple.

PANCRACE.

Il a ce droit, & vous ne l'avez pas. *à part.* Voyez un peu, les Précepteurs ne devroient-ils as enseigner à leurs éleves la politesse, aussi bien ue la vertu ? *Il offre du potage à Béatrix.* Preiez, Madame.

BEATRIX.

Tiens, mon fils. *Elle le donne à Florinde.*

PANCRACE.

Je vous l'ai donné pour vous.

BEATRIX.

Et moi je l'ai donné à mon fils.

PANCRACE.

C'est fort bien. Prenez, Lélio. *Il en donne à élio.*

BEATRIX.

Fort bien ! D'abord à lui ; ensuite à moi.

PANCRACE.

Je vous ai servie la premiere, comme il étoit ste.

BEATRIX.

Et moi j'ai servi Florinde. Pourquoi faire passer 'lio avant lui ?

PANCRACE.

Parce que Lélio est l'aîné.

BEATRIX.

Comment, il s'agit du droit d'aînesse, mêm au potage ?

PANCRACE.

Fort bien, commençons. Vous sçavez que j vous ai dit plusieurs fois qu'à table je ne vouloi pas entendre crier. Prenez. *Il lui présente l'as siette qu'il vouloit donner à Lélio.*

LELIO.

Je suis donc le dernier de tous.

PANCRACE.

Prens celle-ci. Tu n'es pas le dernier, puisqu tu es servi avant ton pere : c'est moi qui serai l dernier.

OCTAVE *avançant son assiette*

Avec votre permission, encore un peu.

PANCRACE *lui donnant le plat.*

Tenez, je m'en passerai.

OCTAVE.

Infiniment obligé à vos bontés.

PANCRACE *aux valets.*

Servez.

Trastulle porte un chapon bouilli, & leve le pla de la soupe. Pancrace découpe cette volaille. Octav en prend aussi-tôt une aîle

PANCRACE *à part.*

Voyez, il a déja pris une aîle. Quel malappris!

aut. Monsieur le Précepteur, vous aimiez donc 'aîle ?

OCTAVE.

Oui; toujours l'aîle.

PANCRACE.

Fort bien; je l'aime aussi.

LELIO.

Je prendrai, si vous le voulez bien, le crouion. *Il le prend.*

BEATRIX.

Tout à l'heure, il n'y aura plus rien. *Elle prend ne cuisse, & donne l'autre à Florinde.*

FLORINDE *bas à* BEATRIX.

Je ne la veux pas.

BEATRIX *bas.*

Pourquoi ?

FLORINDE *bas.*

Si je n'ai pas le croupion, je ne mangerai pas.

BEATRIX.

Hola, Lélio; donnez-moi ce croupion.

LELIO.

Madame, excusez-moi; ce morceau me conent.

BEATRIX.

S'il vous convient, je veux que vous me le onniez.

LELIO.

Si c'est pour vous, Madame, vous êtes la maîtresse ; mais si c'étoit pour mon frere, je crois que vous ne voudriez pas m'en priver, pour le lui donner.

BEATRIX.

Il ne peut manger que le croupion.

LELIO.

S'il ne peut manger du reste, qu'il le laisse.

BEATRIX.

L'impertinent ! Entendez-vous, Monsieur le Précepteur, les belles réponses que me fait Monsieur Lélio.

PANCRACE.

Je vous ai dit cent fois que je ne voulois point de cris à table. Qui veut crier, n'a qu'à sortir.

BEATRIX.

Oui, oui, je sortirai, je sortirai.

PANCRACE.

Bon voyage.

BEATRIX.

Allons, Florinde. *Elle se leve.*

PANCRACE.

Vous pouvez aller où vous voudrez ; mais lui il restera ici.

BEATRIX.

Viens, viens, j'enverrai acheter une volaille cuite, & tu en mangeras le croupion.

PANCRACE.

Pour aujourd'hui l'on ne mange pas de croupion. Allez, allez.

BEATRIX.

Florinde, viens avec moi.

PANCRACE.

Si tu bouges d'ici, je t'assommerai de coups de bâton.

BEATRIX.

Des coups de bâton! Des coups de bâton! Si vous le touchez, malheur à vous! Vous me ferez faire quelque sottise. *à part.* Il vaut mieux que je m'en aille, pour ne pas porter les choses au pis. Lélio est cause de tout cela; mais il me le payera.

FLORINDE.

Mon cher pere, ce n'est pas ma faute à moi.

PANCRACE.

Eh, eh, Monsieur le Mignard! Nous nous parlerons en tems & lieu.

SCENE XVII.

TRASTULLE, LES PRECEDENS, TIBURCE.

TRASTULLE.

MOnsieur, voilà Monsieur Tiburce, qui voudroit vous parler.

PANCRACE.

Dites-lui que nous sommes à table; mais que, s'il veut entrer, il sera le bien venu.

TRASTULLE.

Vous serez obéi.

TIBURCE.

Excusez-moi, Monsieur Pancrace; si j'avois cru que vous fussiez à table, je ne serois pas venu.

PANCRACE.

Eh, bon, n'êtes-vous pas le maître? Approchez un siége.

TIBURCE.

A vous dire vrai, je suis pressé; si vous ne pouvez pas m'expédier tout de suite, je reviendrai plutôt.

PANCRACE.

Non, Monsieur; je ne veux pas vous donner cette peine. Combien vous dois-je?

TIBURCE.

Quatre cens écus: voici le compte.

PANCRACE.

PANCRACE.

C'eſt fort bien, quatre cens écus : je l'avois ainſi calculé. Lélio, va dans cette chambre, prends le ſac de trois cens écus, & apporte-le ici. Voilà la clef.

LELIO.

J'y vais tout de ſuite.

TIBURCE *à* LELIO.

Je ſuis fâché de votre peine.

LELIO *bas.*

Il faut avouer que cela eſt un peu incommode. *Il ſort.*

OCTAVE *bas à* FLORINDE.

Eh, il va prendre le ſac.

FLORINDE. *bas à* OCTAVE.

Je tremble de tout mon corps.

OCTAVE *bas.*

Du courage ici ! De l'effronterie !

PANCRACE.

Aſſeyez-vous, Monſieur Tiburce.

TIBURCE.

Très-obligé.

PANCRACE.

Si vous voulez me faire le plaiſir de dîner, vous êtes le maître.

TIBURCE.

Je vous rends graces ; il y a demie heure que j'ai dîné.

PANCRACE.

Donnez à boire à Monſieur.

TIBURCE.

Non pas, je vous prie; je ne bois jamais après le repas.

PANCRACE.

Je ne le ſçavois pas. Je vous l'offre de bon cœur.

OCTAVE.

Si Monſieur ne veut pas boire, je boirai moi... Holà, à boire... *Il boit.*

PANCRACE.

Monſieur Octave ne ſçauroit boire à la ſanté de perſonne ?

OCTAVE.

Ce n'eſt plus l'uſage.

SCENE XVIII.

LELIO, LES PRECEDENS.

OCTAVE *bas à* FLORINDE.

LE voilà, le voilà.

FLORINDE *bas à* OCTAVE.

Je m'en irois volontiers.

OCTAVE *bas à* FLORINDE.

Point de peur.

LELIO.

Voilà le sac. *Il le donne à Pancrace.*

PANCRACE.

Il me paroît bien léger.

LELIO.

A moi aussi à vous dire la vérité.

PANCRACE *ouvre le sac.*

Qu'est-ce que ceci ? De la cendre, du plomb ! Ce sont donc-là les trois cens écus que vous m'avez apportés ?

LELIO.

Mais j'ai reçu trois cens écus en or & en argent ; & c'est bien le sac où ils étoient. Je ne sçais que dire, & j'en demeure ébahi.

PANCRACE.

Je le suis bien plus que vous. De quoi s'agit-il ? Vîte, fripon, avouez ce que vous avez fait de cet argent, & quel tour vous me tramiez.

LELIO.

Je vous assure que je suis innocent.

PANCRACE.

Tu as mis de tes propres mains le sac dans la chambre ; tu en as fermé la porte. Il n'y a point d'autre clef que celle-ci pour ouvrir cette porte ; qui veux-tu donc qui l'ait ouverte ?

TIBURCE *à part.*

Avec toutes ces histoires, je ne voudrois pas

perdre mes 400 écus.

OCTAVE.

Vous vouliez aussi vous fier à lui.

FLORINDE.

Si vous mettiez votre confiance en moi, cela n'iroit pas ainsi.

LELIO.

Ils sont tous contre moi. Ils ont tous conjuré de me perdre.

PANCRACE.

Tais-toi, scélérat, indigne; nul autre que toi ne peut avoir fait une pareille friponnerie.

LELIO.

Je vous jure, par tout ce qu'il y a de plus sacré...

PANCRACE.

Doucement, ne jurez point, ne provoquez pas la colére du Ciel, déja trop irrité. Monsieur Tiburce, allons à la banque, je vous compterai votre argent; & toi, infâme, traître, voleur, sors moi tout à l'heure de cette maison; que je ne t'y revoye plus, si tu ne veux pas que je t'immole de mes mains.

LELIO.

Ah, malheureux que je suis! Mon pere par pitié!

PANCRACE.

Hors d'ici, fils indigne! Allons, Seigneur Tiburce.

TIBURCE.

Pauvre pere ! Il fait compaſſion. *à Lélio.* Allez, vous êtes un bon compagnon.

LELIO.

Riez donc, riez ſcélérats. Le Ciel ſçait ſi vous n'êtes pas les voleurs, & vous faites paſſer un pauvre innocent pour coupable. Le Ciel eſt juſte. Le Ciel dévoilera la vérité. Si je le croyois, ſi je le ſçavois, je m'en vengerois contre toi. (*à Octave*) Scélérat, impoſteur, maudit hypocrite. *Il ſort.*

OCTAVE.

Avez-vous entendu ? C'eſt à moi qu'il en veut.

FLORINDE.

Ne diſons mot.

OCTAVE.

Je ne parlerai point.

FLORINDE.

Je veux aller chez ma mere.

OCTAVE.

Allez, allez.

FLORINDE.

En tout cas ma mere m'aſſiſtera, me défendra. *Il ſort.*

OCTAVE.

On ne ſert plus rien ſur la table. Je m'en vais achever de dîner à la cuiſine. *Il ſort.*

SCENE XIX.

Le Théâtre représente une chambre dans la maison du Docteur GERONTE, *avec des siéges.*

BEATRIX, ELEONORE.

ELEONORE.

OH, Madame Béatrix, quel miracle, que vous daigniez nous venir voir !

BEATRIX.

Vous sçavez que je vous ai toujours aimée.

ELEONORE.

Attendez ; voulez-vous que j'appelle ma sœur Rosaure ?

BEATRIX.

Quoi ! Mademoiselle Rosaure est ici dans la maison ? Elle ne demeure donc plus chez sa tante ?

ELEONORE.

Ce matin elle est revenue à la maison.

BEATRIX.

Se porte-elle bien ? Est-elle en bonne santé ?

ELEONORE.

Attendez, je l'appellerai.

BEATRIX.

Non, non ; pour le moment je suis bien aise

d'être seule avec vous. J'ai à vous parler en secret.

ELEONORE.

Comme vous voudrez ; asseyez-vous.

BEATRIX.

Ma chere fille, parlez-moi librement, comme si j'étois votre mere. Vous marieriez-vous volontiers ?

ELEONORE.

Pourquoi non ? Si mon pere y consentoit, & qu'il se présentât une bonne occasion, j'en profiterois certainement.

BEATRIX.

Et si votre pere vous destinoit Florinde pour époux, l'accepteriez-vous ?

ELEONORE.

Pourquoi non ?

BEATRIX.

Il vous plaît donc ?

ELEONORE.

Il n'est pas fait pour déplaire.

BEATRIX.

Ecoutez, Mademoiselle Eléonore, il faut vous dire tout : je ne suis pas venue ici pour une simple visite de cérémonie ; mais comme je suis dans le dessein d'établir Florinde, mon fils, je chercherois l'honneur de vous avoir pour bru.

ELEONORE.

L'honneur feroit de mon côté. Je ne fuis pas digne d'une telle fortune.

BEATRIX.

Les complimens font inutiles. Si vous voulez, nous pouvons conclure enfemble, fans autre médiation.

ELEONORE.

En avez-vous parlé à mon pere ?

BEATRIX.

Non, pas encore ; mais je lui en parlerai.

ELEONORE.

Eh bien, faites-moi la grace de fçavoir d'abord fon fentiment, & vous pouvez compter fur le mien.

BEATRIX.

Mais fi votre pere n'eft pas actuellement ici, ne pourrions-nous pas traiter d'affaires entre nous?

ELEONORE.

Ma chere Dame, je ne voudrois pas que nous fiffions nos comptes fans notre hôte. Confultons d'abord mon pere.

BEATRIX.

Mon fils ne doit pas tarder à venir : fi vous le voulez bien, je le ferai entrer quand il arrivera.

ELEONORE.

Oh non, pardonnez-moi, cela ne fe peut ; s'il

vient, je me retire.

BEATRIX.

Pourquoi ?

ELEONORE.

Mon pere m'a dit absolument qu'il ne vouloit pas que je parlasse à aucun homme sans sa permission. Je lui ai toujours obéi, & je ne lui désobeirai pas dans cette occasion.

BEATRIX.

Mais, avec votre permission, vous l'entendez mal.

ELEONORE.

Oh, dès que j'obéis à mon pere, je sçais que je l'entends très-bien.

SCENE XX.

FLORINDE, LES PRECEDENS.

FLORINDE *à la porte de la chambre.*

MA mere.

BEATRIX.

Que veux-tu, mon fils ? Y a-t-il long-tems que tu es arrivé ?

FLORINDE.

Si long-tems, que je n'y puis plus tenir.

BEATRIX.

Un peu de patience.

FLORINDE.

J'ai un mot à vous dire ; mais je ne sçaurois m'en dispenser.

BEATRIX.

Pour un mot, (*à Eléonore*) vous le laisserez bien entrer. Viens, viens.

FLORINDE.

Me voici. *Il entre.*

ELEONORE.

Avec votre permission. *Elle se leve & s'en va.*

SCENE XXI.

BEATRIX, FLORINDE, *ensuite* ROSAURE.

BEATRIX.

BElle éducation ! As-tu vû le respect qu'elle a pour moi, le bel amour qu'elle a pour toi ? Crois-tu qu'elle mérite d'être ma bru ? Et aurois-tu le courage d'épouser cette impertinente ? Laisse-la aller. Tu ne manqueras pas de filles plus jolies, & mieux élevées que celle-la.

FLORINDE.

Ecoutez, ma mere. A vous parler net, je n'ai pas une passion bien forte pour Mademoiselle Eléonore. Je veux me marier. Donnez-moi celle-la; donnez-m'en une autre : pourvû que j'aye une femme, cela m'est égal.

ROSAURE.

Qui eſt-ce ? Qui eſt ici ? Qui eſt-ce qui eſt dans cette chambre ?

BEATRIX.

Ah, Mademoiſelle Roſaure, je ſuis charmée de vous revoir.

ROSAURE.

Que le Ciel vous béniſſe, Madame Béatrix. Eſt-ce là votre fils ?

BEATRIX.

Oui, Mademoiſelle.

ROSAURE.

Plaiſe au Ciel qu'il ſoit honnête homme !

FLORINDE.

Votre ſerviteur, Mademoiſelle.

ROSAURE.

Votre ſervante très-humble. Mais comment ! Il n'y a perſonne ici pour faire les honneurs à Madame Béatrix ?

BEATRIX.

Mademoiſelle Eléonore a été ici juſqu'à ce moment. Elle vouloit vous appeller ; mais je n'ai pas voulu vous incommoder.

ROSAURE.

Que le Ciel reconnoiſſe vos bontés. J'étois occupée à lire un chapitre contre les médiſans. Oh, le déteſtable vice que la médiſance ! Oh, quel tort ne font pas au prochain les mauvais discours ! Et cependant rien de plus commun que la médisance, sur-tout parmi notre sexe.

BEATRIX.

Que vous êtes heureuse d'être si bien instruite & si éclairée !

ROSAURE.

Par la grace de Dieu, j'abhorre ce vice plus que l'enfer.

BEATRIX.

Vous êtes une personne distinguée ; mais votre sœur ne vous ressemble guères.

ROSAURE.

A vous parler franchement, ma sœur est un peu étourdie.

BEATRIX.

Elle m'a laissée avec la plus grande incivilité du monde.

ROSAURE.

Elle est mal élevée. Oh, c'est ma tante, c'est celle-la qui entend à élever des filles.

BEATRIX.

Elle prétend se marier avec ce joli homme. C'est un païsan qu'il lui faut, & non pas un garçon comme celui-la.

ROSAURE.

Pardonnez à ma juste curiosité. Il y a peut-être

quelque intrigue entre ma sœur & M. Florinde?

BEATRIX.

Je ne veux pas vous cacher la vérité. Mon fils a quelque inclination pour elle; & si elle ne m'avoit pas fait une impolitesse, peut-être-bien qu'il l'auroit prise.

ROSAURE.

O ma chere Dame, je ne vous conseillerois pas un si mauvais parti.

BEATRIX.

Pourquoi, ma chere amie? Parlez moi avec franchise.

ROSAURE.

Quoiqu'elle soit ma sœur, je suis obligée de dire la vérité.

BEATRIX.

Dites-la moi, je vous prie.

ROSAURE.

Elle n'est pas méchante, mais elle est fiere. Elle n'a pas un mauvais naturel, mais elle n'est bonne à rien dans une maison. Elle est sage & modeste, mais elle se plaît..... Mais je ne veux point médire.

BEATRIX.

Elle se plaît à faire l'amour? N'est-ce pas?

ROSAURE.

Il ne faut pas jaser de son prochain, ni sur-tout d'une sœur.

BEATRIX.

Vous pouvez parler librement avec moi. Florinde, retire-toi un peu.

ROSAURE.

Pardon, Monſieur Florinde.

FLORINDE.

Ne vous gênez pas, Mademoiſelle.

ROSAURE *bas.*

Qu'il a bien l'air d'un jeune homme de mérite !

BEATRIX.

Et bien, racontez-moi donc. Cette ſœur ne ſçait donc pas ſe contenir ?

ROSAURE.

La pauvre fille eſt bien excuſable. Elle n'a point de mere; le pere n'eſt pas toujours à la maiſon; les ſervantes ne veillent pas toujours. O liberté ! liberté !

BEATRIX.

Y a-t-il quelque action équivoque ?

ROSAURE.

Non, par la grace du Ciel. Mais les filles, quand elles ne ſe comportent pas avec une certaine prudence, ne trouvent pas ſi facilement un mari.

BEATRIX.

A ce que je comprends, votre ſœur a bonne envie de ſe marier ?

ROSAURE.

La pauvre fille ! J'ai bien peur qu'elle ne vieillisse avant.

BEATRIX.

Votre pere qui est un homme riche, & qui n'a point d'enfans mâles, voudra pourtant se procurer un gendre, avant de mourir.

ROSAURE.

La prudence l'exige.

BEATRIX.

Comment aura-t-il un gendre, s'il ne marie pas Mademoiselle Eléonore ?

ROSAURE.

Il compte sur moi.

BEATRIX.

Ah, vous êtes disposée au mariage ? Je m'en réjouis extrêmement.

ROSAURE.

Il le faudra bien pour obéir à mon pere.

BEATRIX.

On m'avoit dit que vous ne vouliez pas quitter votre tante.

ROSAURE.

Il est vrai qu'il m'en a coûté des larmes pour me séparer d'elle.

BEATRIX.

Pourquoi votre pere vous a-t-il fait renoncer à une vie si heureuse ?

ROSAURE.

Pour me jetter dans les embarras du mariage.

BEATRIX.

Mais pourquoi ne pas marier son autre fille ?

ROSAURE.

Oh, Madame, on ne veut que moi. Plus de vingt partis se sont présentés à mon pere, tous pour moi. Personne ne s'adresse à ma sœur.

BEATRIX.

Il est vrai qu'elle est dédaigneuse. A peine a-t-elle vû entrer mon fils dans la chambre, qu'elle s'est aussi-tôt enfuie.

ROSAURE.

Elle s'en est allée ? Pauvre jeune homme ! Elle lui a fait ce vilain tour ?

BEATRIX.

Elle le lui a joué.

ROSAURE.

Je n'en aurois pas eu le cœur, moi. C'est un garçon si sage !

BEATRIX.

Écoutez, Mademoiselle Rosaure. Puisque vous êtes disposée à vous marier, si mon fils ne vous déplaît pas, je vous l'offre.

ROSAURE.

Puisque mon pere veut me forcer à prendre le rude parti du mariage, je préfére votre fils à tout autre.

BEATRIX.

BEATRIX.

Il faudra donc en parler à M. votre pere.

ROSAURE.

Mon pere ne dira pas non. Prenons les arrangemens entre nous.

BEATRIX.

O la jolie enfant ! Qu'elle me plaît ! Attendez un moment ; je suis à vous. *Elle s'approche de Florinde.*

ROSAURE *à part.*

Bon. Ma sœur cadette voudroit se marier avant moi. Ma tante m'a bien avertie de ne pas me laisser faire ce passe-droit.

BEATRIX.

Florinde.

FLORINDE.

Madame.

BEATRIX.

Dis-moi un peu : au lieu de Mademoiselle Éléonòre, ferois-tu difficulté d'épouser Mademoiselle Rosaure ?

FLORINDE.

Cette petite dévote ?

BEATRIX.

Cette fille sage, vertueuse, & de si bonnes mœurs.

FLORINDE.

Pourquoi pas ? Je le veux bien.

BEATRIX.

Veux-tu que je lui en parle ?

FLORINDE.

Oui, parlez-lui en. Je vous l'ai déja dit, pourvu que ce ſoit une femme, cela me ſuffit.

BEATRIX *bas.*

Elle a mille ducats en dot.

FLORINDE.

Cela eſt très bon.

BEATRIX.

Elle n'a point de vanité.

FLORINDE.

Encore mieux.

BEATRIX.

Elle n'a point de folies dans la tête.

FLORINDE.

Parlez-lui promptement.

BEATRIX.

Je crois encore qu'elle ne te veut point de mal.

FLORINDE.

Eh bien donc, vous me faites languir.

BEATRIX.

Tout à l'heure, tout à l'heure. Mademoiſelle Roſaure, ſi cela vous agrée, Florinde, mon fils, vous deſire pour compagne.

ROSAURE.

Eſt-ce vrai ?

FLORINDE.

Oui, Mademoiselle, cela est vrai.

ROSAURE.

Je vous en suis obligée.

BEATRIX.

Eh vous, Mademoiselle, le souhaitez-vous pour votre époux ?

ROSAURE.

Oh, patience ! Oui, Madame.

BEATRIX.

Eh bien, donnez-vous tous les deux une parole mutuelle dont vous ne puissiez vous dégager. A toi, Florinde : promets & jure d'épouser Mademoiselle Rosaure.

FLORINDE.

Je promets & je jure d'épouser Mademoiselle Rosaure.

BEATRIX.

Et vous, Mademoiselle, faites-vous le même serment ?

ROSAURE.

Oh, je ne jure pas, moi.

BEATRIX.

Pourquoi ?

ROSAURE.

Parce que je n'ai jamais juré, ni ne jurerai jamais.

BEATRIX.

Comment voulez-vous que Florinde ſoit ſûr de votre foi ?

ROSAURE.

On pourroit faire autre choſe.

BÉATRIX.

Et quoi ?

ROSAURE.

Epouſer tout de ſuite.

BEATRIX.

Et votre pere ?

ROSAURE.

Il eſt ſi bon. Il approuvera tout.

BEATRIX *à part.*

Celle-ci n'y regarde pas de ſi près que l'autre. *Haut.* Ma fille, je veux bien que nous faſſions les choſes promptement, mais non pas avec tant de précipitation. Demain on concluera. Oh çà, ma chere, ou plutôt ma fille, je retourne chez moi. Nous nous reverrons demain.

ROSAURE.

Vous vous en allez ?

BEATRIX.

Oui, je m'en vais.

ROSAURE.

Et M. Florinde auſſi ?

BEATRIX.

Voudriez-vous que je le laiſſaſſe ſeul avec vous ?

ROSAURE.

Le Ciel m'en préſerve.

FLORINDE.

Adieu, ma chere épouſe.

ROSAURE.

Ne me dites pas ce mot. Il me fait rougir.

FLORINDE.

Aimez-moi un peu. *Ils ſortent.*

ROSAURE.

Je ferai mon devoir à cèt égard. Que dira Octave de moi ? Je lui avois donné quelque eſpérance de le choiſir pour époux ; mais celui-ci eſt tendre & riche. Ma tante m'a fort bien appris qu'on ne tient point une parole à ſon préjudice, & que lorſqu'on a trouvé une bonne fortune, il ne faut pas la laiſſer échapper des mains.

Fin du ſecond Acte.

ACTE TROISIEME.

SCENE PREMIERE.

Le Théatre repréſente une chambre dans la maiſon de Pancrace, avec des lumieres.

FLORINDE, OCTAVE.

OCTAVE.

SÇavez-vous la nouvelle ? Lélio ne ſe trouve plus. Il a tellement eu peur de ſon pere, qu'il a pris la fuite ; & l'on ne ſçait où il s'eſt retiré.

FLORINDE.

C'eſt ſa faute. Il veut vivre à ſa mode, au lieu de s'entendre avec nous.

OCTAVE.

Mais ſi nos affaires ſe découvrent, quel tour cela prendra-t-il pour nous ?

FLORINDE.

Oh, ne vous inquiétez pas. Ma mere rajuſtera tout.

OCTAVE *bas.*

Voilà l'illuſion ordinaire des enfans. Ils comptent toujours ſur leurs meres.

FLORINDE.

Mais moi, M. le Maître, j'ai à vous faire part d'une nouvelle bien plus agréable.

OCTAVE.

Oui? Dites-la moi. J'en aurai du plaisir.

FLORINDE.

Vous ne sçavez pas que je suis marié.

OCTAVE.

Je m'en réjouis. Et avec qui?

FLORINDE.

Avec la fille du Docteur Géronte.

OCTAVE.

Bon, bon. Je m'en réjouis de nouveau. Vous m'en avez l'obligation à moi, qui vous ai introduit chez elle.

FLORINDE.

Cela est vrai. Vous avez le mérite de m'avoir conduit dans cette maison; mais quant à la fille, vous n'avez rien fait auprès d'elle pour moi.

OCTAVE.

Comment? Je ne vous ai pas fait asseoir à côté d'elle? Je ne vous ai pas mis à portée de lui parler? Je ne vous ai pas proposé de vous marier ensemble?

FLORINDE.

Tout ce que vous dites là regarde Mademoiselle Eléonore; mais ce n'est pas elle que j'épouse.

OCTAVE.

Non ? Et qui eſt-ce donc ?

FLORINDE.

Mademoiſelle Roſaure.

OCTAVE.

Allez, vous êtes fou.

FLORINDE.

Vous ne voulez pas le croire ?

OCTAVE.

Mademoiſelle Roſaure ne veut point de mari. *à part*, ſi ce n'eſt moi.

FLORINDE.

Je vous dis abſolument que c'eſt elle qui doit être mon épouſe.

OCTAVE.

Et depuis quand ?

FLORINDE.

D'aujourd'hui. Depuis quelques heures.

OCTAVE.

Qui s'eſt mêlé de ce manége ?

FLORINDE.

Ma mere.

OCTAVE.

Et vous y avez conſenti ?

FLORINDE.

Très-volontiers.

OCTAVE *à part.*

Que la peste te crêve ! *Haut.* Et la fille, que dit elle ?

FLORINDE.

Que le moment d'épouser ne viendra jamais assez tôt.

OCTAVE *à part.*

Que le diable l'emporte ! *Haut.* Mais votre le sien, que disent-ils ?

FLORINDE.

Quant au mien, peu m'importe. Pourvû que ma mere soit contente, cela suffit : & de son côté, Mademoiselle Rosaure est disposée à ne faire qu'à sa guise.

OCTAVE *à part.*

Courage, petite prude, courage ! *Haut.* Mais moi, mon fils, je ne vous conseillerois pas de prendre une semblable résolution sans en faire part à votre pere.

FLORINDE.

Si je lui en parle, je ne me marie point d'aujourd'hui.

OCTAVE.

Mais quand il le sçaura, vous aurez du bruit ensemble.

FLORINDE.

Bon, une surprise ne dure jamais que trois jours. Le tems raccommode tout.

OCTAVE.

Vous connoissez le tempérament de Monsieur Pancrace.

FLORINDE.

Je me repose sur la protection de ma mere.

OCTAVE *à part.*

Ah, l'indigne mere ! Femme scélérate ! *A Florinde.* Comment avez vous fait pour devenir si vîte amoureux de Rosaure ?

FLORINDE.

Moi, je n'en suis point amoureux.

OCTAVE.

Vous n'en êtes pas amoureux, & vous voulez l'épouser ?

FLORINDE.

Je prends une femme pour être à la tête d'une famille, pour sortir de la sujettion de mon pere, pour être le maître de mon bien, pour avoir la portion de mon héritage paternel, pour me séparer de mon frere, pour faire & vivre à ma fantaisie.

OCTAVE.

Ah, mon fils, vous vous en repentirez. Ecoutez le conseil d'un homme qui ne veut que votre bien.

FLORINDE.

Je n'ai pas besoin de vos conseils.

OCTAVE.

Je ſuis votre maître, & vous devez m'écouter.

FLORINDE.

Oui. Vous êtes le maître qui m'enſeignez à jouer, & à écrire des déclarations d'amour.

OCTAVE.

Omnia tempus habent. Quand c'eſt le tems de jouer, on joue. A préſent c'eſt le tems de réformer ſes mœurs.

FLORINDE.

Songez à réformer les vôtres. Vous en avez plus beſoin que moi.

OCTAVE.

Vous êtes un inſolent.

FLORINDE.

Vous êtes un bouffon.

OCTAVE.

Eſt-ce ainſi que vous traitez votre Précepteur ?

FLORINDE.

C'eſt ainſi que je traite celui qui me prête la main pour la galanterie & pour voler. *Il ſort.*

OCTAVE.

Ah, il me coupe dans le vif. Je ne puis lui répondre comme je voudrois, parce que dans le fait j'ai eu trop de complaiſance pour lui. Mais quoi ! Laiſſerai-je faire ce mariage ? Perdrai-je l'eſpérance d'obtenir Roſaure ? Non, cela ne ſera point. La jalousie me dit ici de solliciter ; d'agir, de prévenir, de tout tenter ; & s'il le faut, de mettre les choses au pis.

SCENE II.

PANCRACE, GERONTE.

PANCRACE.

MOn cher Monsieur Géronte, je suis bien en peine.

GERONTE.

J'en sçais la cause. Je suis pere, moi aussi, & je prends part à votre chagrin.

PANCRACE.

Vous sçavez donc ce que m'a fait mon fils Lélio ?

GERONTE.

Votre fils Lélio n'est pas capable d'une méchanceté pareille.

PANCRACE.

L'avez-vous vû ? Sçavez-vous où il est ?

GERONTE.

Je l'ai vû, & je sçais où il est.

PANCRACE.

Le Ciel en soit béni ! Ecoutez, mon ami, je vous ouvre mon cœur. Il me fâche un peu de perdre ces trois cens écus ; mais enfin cela ne sera pas ma ruine. Ce qui me désole, c'est de perdre un fils qui jusqu'à ce moment ne m'avoit pas donné d'autres chagrins ; un fils qui me faisoit espérer qu'il seroit le soutien de ma vieillesse.

GERONTE.

Croyez-vous véritablement que ce soit Lélio qui vous ait dérobé ces trois cens écus ?

PANCRACE.

Ah, cela n'est que trop vrai. Un autre que lui ne peut les avoir pris. Monsieur Fabrice m'a assuré qu'il avoit consigné cet argent entre les mains de Lélio, & voilà le mémoire qui constate les espéces. *Il montre un papier.*

GERONTE.

Et moi, je crois qu'il est innocent.

PANCRACE.

Plût au Ciel ! L'avez-vous vû ? Lui avez-vous parlé ?

GERONTE.

Je l'ai trouvé dans la rue qui se désoloit. Il m'a conté la chose, & m'a tout-à-fait attendri. L'amitié qui est entre vous & moi m'a engagé à le tranquilliser, à le consoler. Je lui ai fait espérer que la vérité viendroit à se sçavoir, que je parlerois à son pere, que tout se rajusteroit ; & l'embrassant comme mon propre fils, je l'ai conduit à la maison, & je l'ai empêché de se porter à un coup de désespoir.

PANCRACE.

Je vous remercie de cet acte de charité. Est-il chez vous actuellement ?

GERONTE.

Oui, il est chez moi. Mais je vous dirai que je l'ai enfermé dans une chambre, & que j'en ai pris les clefs avec moi. Car j'ai deux filles à marier ; & je ne voudrois pas, pour faire une bonne action, courir les risques d'une mauvaise.

PANCRACE.

Vous avez deux filles à marier ?

GERONTE.

Je les ai certainement, & je n'ai point d'autres enfans qu'elles. Le peu que j'ai au monde sera tout pour elles.

PANCRACE.

Oh, si vous sçaviez combien il y a de tems que j'y pense, & combien de fois j'ai été tenté de vous en demander une pour un de mes fils !

GERONTE.

Ce seroit bien le plus grand plaisir que je pûsse desirer. Vous sçavez quel cas je fais de vous, & suis sûr que je ne sçaurois mieux placer une de mes filles.

PANCRACE.

Mais à présent je n'ai pas le courage de vous la demander.

GERONTE.

Non ? Pourquoi ?

PANCRACE.

Parce que Florinde est encore trop jeune, & n'a pas le jugement formé. Il est d'un certain caractere qui fait que je ne me presse pas de lui donner une femme. Je m'étois proposé d'établir Lélio comme l'aîné, & parce qu'il me paroissoit avoir plus de conduite & plus de bon sens ; mais à présent je ne sçais que dire. Cette affaire des trois cens écus me met en perpléxité. Je ne voudrois pas ruiner une pauvre fille, & je n'ai pas le cœur de proposer aux autres un parti qui ne me conviendroit pas, à moi.

GERONTE.

Vous avez raison. Parler d'un mariage, c'est traiter du repos de deux familles. Tâchons d'éclaircir la vérité. Procédons avec politique entre vous & moi. Vous avez dans votre maison d'autres gens, un autre fils, des domestiques. Qui sçait? Il se pourroit fa re qu'un autre fût le voleur, & que Lélio fût innocent.

PANCRACE.

Plût au Ciel qu'il en fût ainsi ! Dans ce cas,

lui donneriez-vous une de vos filles en mariage ?

GERONTE.

Fort volontiers. De tout mon cœur.

PANCRACE.

Vous me consolez, mon cher Docteur Géronte. Ah, le bon ami que vous êtes !

GERONTE.

C'est dans une occasion délicate ; c'est dans les chagrins qu'on connoît un véritable ami.

PANCRACE.

Les peines sont bien communes, & les vrais amis bien rares.

GERONTE.

Leur rareté doit les faire chérir & cultiver davantage.

PANCRACE.

Hélas ! Souvent on croit cultiver des amis, & ce sont des ennemis.

GERONTE.

Pour les bien distinguer, il faut avoir un grand discernement.

PANCRACE.

La lumiere de l'esprit est souvent obscurcie par les fumées de la passion.

GERONTE.

Seigneur Pancrace, je suis ravi de voir que vous commencez aussi à parler en philosophe.

PANCRACE.

PANCRACE.

Nous ſommes tous philoſophes ; mais chacun ſe forme une philoſophie à ſa façon.

GERONTE.

Votre philoſophie, comment eſt-elle faite ?

PANCRACE.

D'une maniere très-aiſée pour moi, & pour quiconque m'écoutera.

GERONTE.

Que vous dit-elle donc cette philoſophie, ſur le cas où ſe trouve votre fils ?

PANCRACE.

Elle me ſuggére trois argumens, plus beaux l'un que l'autre : argumens d'un homme qui n'eſt pas Docteur ; d'un Marchand, plutôt que d'un Philoſophe. Le premier me fait craindre ; le ſecond me fait eſpérer ; le troiſiéme me tient entre la crainte & l'eſpérance. Ecoutez le premier: Lélio a mis l'argent dans cette chambre ; Lélio a fermé la porte ; Lélio eſt allé demie heure après pour reprendre cet argent ; il ne s'eſt pas trouvé : donc Lélio l'a volé. Ecoutez mon ſecond argument : Si Lélio vouloit me voler, il pouvoit ſe diſpenſer de m'apporter cet argent à la maiſon. Il me l'a fidélement apporté : donc il ne l'a pas volé. Ecoutez le troiſiéme : Si Lélio ne me l'a pas dérobé, il eſt innocent. S'il me l'a dérobé, il peut s'en repentir & revenir à lui ; ainsi son innocence & son repentir doivent donner de la consolation à un pere qui aime ses enfans, sa maison & sa réputation. *Il sort.*

GERONTE.

Je vais tâcher de contribuer autant que je pourrai, à la tranquillité de mon ami. Je prends part à son affliction, & je puis dire avec assurance : *Amicus est alter ego.*

SCENE III.

Le Théatre représente une salle dans la maison du Docteur Géronte, avec une porte fermée d'un côté, & une fenêtre de l'autre : des flambeaux sur une table.

ELEONORE, ROSAURE.

ELEONORE.

QU'est-ce donc que mon pere a enfermé dans cette chambre ? Il faut dire le vrai, je suis bien curieuse de le sçavoir. Je voudrois regarder par le trou de la serrure ; mais je ne voudrois pas qu'on me vît. Je m'approcherai tout doucement. Je ne crois pas que l'homme qu'on a enfermé se trouve précisément à la porte pour me voir. Je mettrai la lumiere un peu plus de côté. *Elle s'approche, & regarde par le trou de la serrure.* Ah, que vois-je! Monsieur Lélio, lé fils du Seigneur Pancrace! Il est tout prêt de la lumiere; je l'ai très-bien reconnu. Que fait-il dans cette chambre? *Elle regarde comme auparavant.*

ROSAURE.

Ma sœur, que faites-vous là?

ELEONORE.

Doucement. Ne faites pas de bruit. *Elle regardé encore.*

ROSAURE.

Que regardez-vous avec tant d'attention?

ELEONORE.

On a enfermé là dedans un jeune homme.

ROSAURE.

Un jeune homme? Et qui l'a fait entrer là?

ELEONORE.

Mon pere.

ROSAURE.

Le connoissez-vous, ce jeune homme?

ELEONORE.

Oui vraiment. C'est Monsieur Lélio, le fils aîné du Seigneur Pancrace.

ROSAURE.

Le frere de M. Florinde?

ELEONORE.

Justement.

ROSAURE.

Et il est l'aîné.

ELEONORE.

Sans doute. C'est le fils du premier lit.

ROSAURE.

Il se mariera donc avant son frere.

ELEONORE.

Raisonnablement cela doit être ainsi.

ROSAURE.

Eh, dites-moi : est-il bien fait ce M. Lélio ?

ELEONORE.

C'est un jeune homme de bonne mine. Je prens plaisir à voir de certains gestes de surprise qu'il fait. *Elle regarde comme auparavant.*

ROSAURE.

Allez, allez, ma sœur ; c'est assez regarder. Ne vous laissez pas trop entraîner par la curiosité. C'est un défaut très-vilain, & qui peut avoir de fâcheuses conséquences.

ELEONORE.

Et que peut-il arriver de mal, quand je regarderai un jeune homme par le trou d'une serrure ?

ROSAURE.

Pauvre fille ! Vous êtes trop enfant ; on vous a mal élevée. Vous ne sçavez rien. Vous pourriez voir des choses qu'il ne convient pas que vous voyiez.

ELEONORE.

Puisque c'est ainsi; afin que vous ne me soupçonniez pas d'avoir aucune mauvaise intention, non seulement je ne regarderai plus, mais je sortirai même de cette chambre.

ROSAURE.

Vous ferez très-bien. C'est le devoir des personnes vertueuses, de fuir les occasions, & d'éviter jusqu'à l'ombre du danger.

ELEONORE.

Ma sœur, je vais dans ma chambre. Voulez-vous venir avec moi ?

ROSAURE.

Non, non, allez. Que le Ciel vous accompagne !

ELEONORE *à part.*

Combien je donnerois pour sçavoir à propos de quoi mon pere a enfermé ce jeune homme là dedans ! A parler franchement, il ne me déplaît pas. Que je le prendrois bien volontiers pour époux ! Mais il faut attendre que notre prude se marie. *Elle sort.*

SCENE IV.

ROSAURE, *ensuite* ELEONORE.

ROSAURE.

UN jeune homme là dedans ! Pourquoi donc ? Oh, je veux le voir un peu. Ah, qu'il est beau ! Le pauvre garçon ! Il soupire ; il me fait pitié. Si je pouvois, je le consolerois. Il pleure, le pauvre misérable, il pleure ! Ah, si c'étoit par amour pour moi ! Pourquoi mon pere l'a-t-il enfermé là ? Mais j'ai donné ma parole à Florinde : & si Florinde ne vient point ? .. En vérité je ne sçais lequel des deux, de Florinde ou de celui-ci, me touche davantage. Tous les deux me plaisent ; mais celui-ci me paroît plus bel homme. *Elle regarde par le trou.*

ELEONORE.

Courage, Mademoiselle ma sœur, vous n'avez pas de curiosité, vous !

ROSAURE.

Non, ma très-chere sœur, cela ne s'appelle point curiosité.

ELEONORE.

Mais, qu'est-ce donc qui vous porte à regarder là dedans ?

ROSAURE.

La charité envers le prochain.

ELEONORE.

Comment, la charité ?

ROSAURE.

J'entendois un homme se plaindre & soupirer; je n'ai pu faire moins que de chercher à connoître son mal, pour lui procurer du reméde. *On frappe à la porte de la rue.*

ELEONORE.

On vient de frapper à la porte de la rue.

ROSAURE.

Regardez qui c'est.

ELEONORE.

Vous pouvez y regarder vous-même.

ROSAURE.

Moi, je ne mets jamais la tête à la fenêtre. La modestie ne me le permet pas.

ELEONORE.

Sans tant de façons, je vais y voir.

ROSAURE.

Pauvre jeune homme, être ainsi renfermé! Il souffrira.

ELEONORE.

Sçavez-vous qui c'est?

ROSAURE.

Qui donc?

ELEONORE.

Monsieur Florinde.

ROSAURE.

Lui avez-vous ouvert ?

ELEONORE.

Vous me croyez bien folle. Je n'ouvre jamais à personne, quand mon pere n'y est pas.

ROSAURE.

Vous l'avez donc renvoyé ?

ELEONORE.

A vous parler franc, je ne lui ai rien dit du tout.

ROSAURE.

Sans doute qu'il a affaire à notre pere : faisons-le entrer.

ELEONORE.

Mais notre pere n'est pas ici.

ROSAURE.

Eh bien, il l'attendra.

ELEONORE.

Et en attendant, il demeureroit là avec nous ?

ROSAURE.

Eh bien, pour agir en filles sages & prudentes, retirons-nous dans nos chambres, & laissons Monsieur Florinde parler à son frere.

ELEONORE.

Il y a moins d'inconvéniens à cela. Allons nous-en. *Elle sort.*

ROSAURE.

La compagnie de ma sœur dérange tous mes projets. Je reviendrai dans un meilleur tems. *Elle sort.*

SCENE V.

FLORINDE, *ensuite* ROSAURE.

FLORINDE.

COmment, Mademoiselle Rosaure m'ouvre la porte, me fait entrer, puis elle s'enfuit, & ne veut pas me parler ? Que veut dire cela ? Elle redoute peut-être la présence de sa sœur, & le courroux de son pere ; ou bien elle voudroit m'inquiéter sans doute, pour me faire acheter son amour un peu cherement. A présent que je viens de perdre cinquante écus au jeu, j'ai besoin de me divertir ; mais je suis bien fou de perdre mon tems après cette sotte fille. J'aurois bien mieux fait de conclure avec Colombine, qui, sans autre compliment, étoit toute disposée à mes volontés. Eh bien, si Mademoiselle Rosaure me fait languir, je retourne de ce pas vers Colombine; il est vrai qu'elle sera rebutée, à cause de la bague & des bracelets qu'on lui a pris. Mais ceux-ci sont encore plus beaux, ils pesent davantage ; ils raccommoderont tout.

Voilà tout ce qui m'eſt reſté des trois cens écus. Je n'ai plus un ſols : mais voici Mademoiſelle Roſaure.

ROSAURE.

Mon cher Florinde, vous avez été bien long-tems à venir me voir ?

FLORINDE.

Me voici, ma chere épouſe, me voici tout-à-fait à vous.

ROSAURE.

Mais, juſte Ciel ! quand eſt-ce donc que nos nôces s'acheveront ?

FLORINDE.

Tout à l'heure, ſi vous voulez.

ROSAURE.

Votre pere les approuvera-t'il ?

FLORINDE.

Ni le vôtre ni le mien n'y conſentiront : mais le conſentement de ma mere ne vous ſuffit-il pas?

ROSAURE.

Je ne ſçais que vous dire. Il faudra bien qu'il ſuffiſe.

FLORINDE.

Si vous voulez venir, je vous conduirai chez elle.

ROSAURE.

Que j'aille tête à tête avec vous ?

FLORINDE.

Vous êtes mon épouse.

ROSAURE.

Oh non, pas encore.

FLORINDE.

Bon, si nous attendons à demain ; je doute que vous la soyez jamais.

ROSAURE.

Hélas ! Dites-vous vrai ?

FLORINDE.

Si nos peres viennent à le sçavoir, c'est une affaire rompue.

ROSAURE.

Que devons-nous donc faire ?

FLORINDE.

Il faut s'échaper dès ce soir.

ROSAURE.

Mais, comment ?

FLORINDE.

Venez avec moi.

ROSAURE.

La modestie me le défend.

FLORINDE.

Restez donc avec Madame la modestie ; pour moi, je m'en vais.

ROSAURE.

Attendez... Hélas !.. Et vous auriez le cœur

de me laisser ?

FLORINDE.

Et vous auriez le cœur de ne me pas suivre ?

ROSAURE.

Où ?

FLORINDE.

Chez ma mere.

ROSAURE.

Chez votre mere ? Chez ma belle mere ?

FLORINDE.

Oui.

ROSAURE.

Eh, cela se pourroit encore faire.

FLORINDE.

Allons, déterminez-vous.

ROSAURE.

Pour n'être pas remarquée, & pour la modestie, je prendrai mon voile.

FLORINDE.

Fort bien, allons.

ROSAURE.

En toutes choses il faut de la prudence.

FLORINDE.

Oui, allons ; vous allez être ma chere épouse.

ROSAURE *bas.*

Ce doux nom me fait venir une sueur froide.

Elle sort.

FLORINDE.

Rosaure vient, & Madame la modestie reste à la maison sans elle. *Il sort.*

SCENE VI.

Le Théatre représente la rue, avec la maison du Docteur GERONTE.

GERONTE, *avec une lanterne.* OCTAVE.

GERONTE.

MOnsieur Octave, vous m'apprenez-là une étrange nouvelle !

OCTAVE.

La chose est ainsi, Monsieur le Docteur. Monsieur Florinde & Mademoiselle Rosaure sont d'acord entr'eux. Ils se veulent épouser ; & selon ce que j'ai entendu dire à ce jeune étourdi, peut-être, ce soir même, font-ils le pâté des nôces.

GERONTE.

Je vous rends graces de l'avis. Je vais chez moi tout de suite ; & j'aurai les yeux ouverts, je vous réponds.

OCTAVE.

Remarquez qu'on ouvre votre porte de la rue.

GERONTE.

Dites-vous la vérité ?

OCTAVE.

Il en sort deux personnes. C'est Florinde avec Rosaure, couverte de son voile.

SCENE VII.

LES PRECEDENS, FLORINDE ET ROSAURE *voilée sortent de la maison du Docteur.*

GERONTE.

AH, malheureuse! Ah, traître!

FLORINDE *à part.*

Nous sommes découverts. *Il quitte Rosaure.*

ROSAURE *à part.*

Ah Dieu, c'est mon pere!

GERONTE.

Je t'ai donc découverte? O hypocrite, scélérate!

FLORINDE.

Maudit soit mon Précepteur! Il vaut mieux que je me retire.. *Il s'en va.*

OCTAVE avec son bâton fait tomber la lanterne des mains du Docteur.

GERONTE.

Hola! qui m'a éteint ma lumiere? *Il court en tournant sur le Théatre.*

OCTAVE *bas à* ROSAURE.

Venez avec moi, & n'ayez point de peur.

ROSAURE *bas.*

Qui êtes-vous?

OCTAVE *bas.*

Je suis Octave, qui vous conduira chez Florinde.

ROSAURE *bas.*

Tout ce que vous voudrez, excepté de retourner chez mon pere. *Octave conduit Rosaure hors de la scène.*

GERONTE.

Monsieur Octave, où suis-je? Je n'entends plus personne. Est-ce que tout le monde est parti? Que veut dire cela? Que dois-je croire? Que dois-je penser? Rosaure seroit-elle rentrée dans la maison, ou se seroit-elle échappée avec ce coquin? Allons d'abord chez moi: si elle n'y est pas, je la chercherai, je la ferai chercher; je la trouverai, & je la punirai. Pauvre pere! Et l'honneur, & ma pauvre famille! Maudite hypocrite! *Il cherche sa maison à tâton, & il y entre.*

SCENE VIII.

Le Théatre représente une chambre dans la maison de PANCRACE.

COLOMBINE.

ON ne peut plus vivre dans cette maison. La maîtresse a perdu l'esprit. Le maître est furieux ; & je dois m'attendre incessamment à quelque gros orage, qui me tombera sur le dos. *Elle pleure.*

SCENE IX.

FLORINDE, COLOMBINE.

FLORINDE.

COlombine, qu'avez-vous à pleurer ?

COLOMBINE.

C'est à votre sujet que je pleure.

FLORINDE.

A mon sujet ? Ma chere Colombine, quand je vous aime à l'excès, quand je suis épris de la plus vive passion pour vous ; pourquoi pleurer ? Pourquoi vous chagriner ?

COLOMBINE.

Ce sont mes bracelets que je regrette.

FLORINDE.

FLORINDE.

Ne vous ai-je pas dit que je vous en donnerois de plus beaux ? Les voilà. Qu'en dites-vous ? Sont-ils plus beaux ? Vous plaisent-ils ? Les trouvez-vous plus pesans ? Sont-ils faits à la mode ?

COLOMBINE.

Très-jolis, très-jolis. Je vois maintenant que vous m'aimez.

FLORINDE.

Ah, si vous aviez autant d'amour pour moi, que j'en ressens pour vous !

COLOMBINE.

Fussiez-vous aussi sincére, que je suis incapable de vous tromper !

FLORINDE.

Prenez pour garant de ma sincérité ce tendre embrassement.

COLOMBINE.

Que voulez-vous que je fasse d'un embrassement ?

FLORINDE.

Vous ne vous en contentez pas ?

COLOMBINE.

Non, Monsieur.

FLORINDE.

Voulez-vous quelque chose de plus ?

COLOMBINE.

Oui, Monsieur.

FLORINDE.

Et que souhaitez-vous, ma chere enfant ?

COLOMBINE.

Que m'avez-vous dit aujourd'hui après dîner ?

FLORINDE.

Je ne m'en souviens pas.

COLOMBINE.

Pouh, quelle mémoire ! Vous m'avez dit que vous m'auriez épousée.

FLORINDE.

Ah, oui ; cela est vrai.

COLOMBINE.

Et maintenant, que dites-vous ?

FLORINDE.

Que je vous épouserai volontiers.

COLOMBINE.

Mais quand m'épouserez-vous ?

FLORINDE.

Tout à l'heure même, si vous voulez.

COLOMBINE.

Ce n'est pas une chose qui puisse se faire sur l'heure, ce me semble.

FLORINDE.

Cela peut très-bien se faire. Vous me donnez votre main, je vous donne la mienne. Vous m'engagez votre promesse, je vous engage la mienne : & le mariage est fait.

COLOMBINE.

Et puis il sera confirmé solemnellement ?

FLORINDE.

Oui, solemnellement. Voilà ma main.

COLOMBINE.

Voilà la mienne.

SCENE X.

LES PRECEDENS. BEATRIX *qui les observe.*

FLORINDE.

JE promets d'être votre époux.

COLOMBINE.

Je promets d'être ...

BEATRIX.

Que promets-tu, que promets-tu, coquine, que tu es ? Malheureuse que tu es ! Et toi aussi, misérable, tu veux faire un bel honneur à ta famille ! Tu veux épouser une servante ?

FLORINDE.

Oui, Madame.

BEATRIX *à* COLOMBINE.

Ote-toi vîte de mes yeux. Sors au plutôt de cette maison.

COLOMBINE.

Madame, ayez pitié d'une pauvre infortunée.

BEATRIX.

Tu ne mérites pas de pitié! Sors de cette maison; & dans peu tu seras chassée de la Ville.

COLOMBINE.

Patience. Eh bien, je sortirai; j'irai me perdre. Et vous, Madame, vous serez la cause de ma perte. Oui, ma maîtresse, je le dis, les larmes aux yeux, le Ciel vous punira. *Elle s'en va.*

SCENE XI.

BEATRIX, FLORINDE.

BEATRIX *à* COLOMBINE.

INsolente! Si tu ne sors pas.. *à* FLORINDE. Mon cher Florinde, je ne croirai jamais que tu y ayes pensé tout de bon.

FLORINDE.

Laissez-moi en repos.

BEATRIX.

Qu'as-tu? Es-tu fâché?

FLORINDE.

Laissez-moi, ne me rompez pas la tête.

BEATRIX.

Mais qu'as-tu? Tu es en colére contre moi?

FLORINDE.

Cette pauvre fille a raison. Vous avez paru bien

aiſe qu'elle fût mon amie, & maintenant vous la mettez dehors.

BEATRIX.

Oui, ton amie; mais non pas ton épouſe.

FLORINDE.

Epouſe ou amie, Colombine ne ſera point congédiée.

BEATRIX.

Je veux qu'elle ſorte tout à l'heure.

FLORINDE.

Elle ne ſortira pas, entendez-vous? Elle ne ſortira pas.

BEATRIX.

C'eſt ainſi que tu parles à ta mére?

FLORINDE.

Oh, prenez garde, vous me feriez peur!

BEATRIX.

Fripon, tu ſçais que je te veux du bien, & c'eſt pour cela que tu parles ainſi.

FLORINDE.

Que vous me vouliez du bien ou du mal, je ne m'en embarraſſe guères. *Il ſort.*

SCENE XII.

BEATRIX, PANCRACE.

BEATRIX.

O Ciel, mon fils, me traiter de cette façon ! Il perd le respect ; il n'a ni considération ni amour pour moi. Ah, cette indigne Colombine est cause de tout cela ! Elle a séduit mon pauvre fils ; elle l'a ensorcelé tout à fait.

PANÇRACE *entrant.*

Qu'est-ce que c'est, Colombine pleure, & dit que vous lui avez donné son congé ?

BEATRIX.

La coquine ! Elle m'a volée.

PANCRACE.

Vous avez bien fait de la chasser. Et qu'a donc Florinde à frapper des pieds, & à s'arracher les cheveux ? Je lui ai même entendu dire entre les dents quelques petits mots très-peu honnêtes.

BEATRIX.

Je crois qu'il a mal aux dents.

PANCRACE.

Qu'il a mal aux dents ? Et moi je crois qu'il n'a de mal que dans la tête, & qu'il faudra, pour le guérir, que j'emploie le bâton.

BEATRIX.

Pourquoi ? Que vous a-t-il fait, le pauvre enfant ?

PANCRACE.

Ecoutez. On m'a dit tout à l'heure que Florinde avoit perdu cinquante écus dans une bisque, & qu'il avoit acheté une paire de bracelets d'or. Si tout cela est vrai, c'est lui certainement qui a volé les trois cens écus.

BEATRIX.

Mauvaises langues, mon mari, mauvaises langues. Mon fils n'est pas sorti aujourd'hui de la maison. Toute la journée & tout le soir il a été à étudier dans ma chambre, & voilà pourquoi je crois que la tête & les dents lui font mal.

PANCRACE.

Cela suffit. Nous tirerons cela au clair. Où est le Précepteur, qu'on ne le voit point ?

BEATRIX.

Il travaille & fait travailler Florinde. C'est Lélio qui est le fripon. C'est lui qui a dérobé les trois cens écus.

PANCRACE.

Pour le moment je ne puis rien dire : mais on m'a conté de belles choses de Florinde ; & si elles sont vraies, nous rirons bien.

BEATRIX.

Florinde est le meilleur fils du monde.

PANCRACE.

S'il est bon, tant mieux pour lui. Si Lélio est un coquin, il en portera la peine. J'ai parlé à un Capitaine de vaisseaux, qui est à la voile. Dès que j'aurai bien éclairci lequel des deux est coupable, je le fais aussi-tôt embarquer, & je l'envoye au loin.

BEATRIX.

Florinde ne partira pas, certainement.

PANCRACE.

Mais pourquoi ne partiroit-il pas?

BEATRIX.

C'est qu'il est honnête garçon.

PANCRACE.

Je prie le Ciel que vous disiez vrai.

SCENE XIII.

TRASTULLE, LES PRÉCÉDENS.

TRASTULLE.

AH, Monsieur! Ah, Madame! Vîte, vîte, ne perdons point de tems.

BEATRIX.

Qu'est-ce?

TRASTULLE.

Monsieur Florinde.

PANCRACE.

Qu'a-t-il fait?

BEATRIX.

Où a-t-il été ?

TRASTULLE.

Il a emmené Colombine.

PANCRACE.

Ah le fripon ! Et c'est là son mal aux dents ?

BEATRIX.

Cela ne sera point vrai.

TRASTULLE.

Et il ne s'est pas contenté d'enlever Colombine.

BEATRIX.

Va-t'en au plus vîte.

PANCRACE.

Qu'a-t'il fait encore ?

TRASTULLE.

Il a emporté l'écrain des bijoux de Madame.

BEATRIX.

Ah, Ciel ! Je suis assassinée.

PANCRACE.

C'est votre faute. Vîte, Trastulle, va. Fais-le arrêter. *Trastulle sort.*

BEATRIX.

Quoi ! mon fils ira en prison ! Ohi ! ohi ! Je n'en puis plus.

PANCRACE.

Cela vous apprendra votre devoir. Vous êtes la cause de tout. Vous l'avez conduit au précipice. Vous en avez fait un voleur, un vaurien! *Il sort.*

BEATRIX.

Ma tendresse pour cet indigne fils aura donc été inutile ? Il sera coupable ? J'aurai donc perdu pour lui mes bijoux, mon repos, & quasi la vie ? Ah, fils ingrat ! Ah, fils insensible & cruel !

SCENE XIV.

Le Théâtre représente un endroit écarté. Il fait nuit & clair de lune.

OCTAVE & ROSAURE.

ROSAURE.

Mais où est Florinde ? Nous ne l'avons pas encore trouvé.

OCTAVE.

Etes-vous si pressée de retrouver Florinde ?

ROSAURE.

Si je suis pressée ? Jugez en vous-même.

OCTAVE.

Mais d'où naît votre impatience ? De l'amour ?

ROSAURE.

De l'amour, du péril où je suis, & de l'espérance

que j'ai de réparer par le mariage la perte de mon honneur.

OCTAVE.

Pour réparer votre honneur, vous auriez un autre remède, sans recourir à Florinde.

ROSAURE.

Et lequel ?

OCTAVE.

Un autre mariage.

ROSAURE.

Avec qui ?

OCTAVE.

Avec un de vos serviteurs.

ROSAURE.

Avec vous ?

OCTAVE.

Oui, ma chere, avec moi.

ROSAURE.

Pour l'amour de Dieu, retrouvons le Seigneur Florinde.

OCTAVE.

Vous me méprisez, vous ne me voulez pas ? Il est vrai que je suis d'un âge un peu avancé, & que je ne suis pas riche. Mais je suis un homme de bien, & cela devroit vous suffire.

ROSAURE.

Eh, Monsieur Octave, nous nous connoissons.

Vantez-votre probité à des gens crédules, & non pas à moi, qui en sçais autant que vous.

OCTAVE.

Si vous en sçavez autant que moi, nous ferons donc ensemble un excellent mariage.

ROSAURE.

Eh bien, comme j'en sçais aussi long que vous, je vous dirai que si vous cherchez une jeune épouse, je ne veux point de vieux mari.

OCTAVE.

L'homme n'est jamais vieux.

ROSAURE.

C'est ce que disent les hommes, mais non pas les femmes.

OCTAVE.

Et comment sçavez-vous si bien parler sur cette matiere ?

ROSAURE.

C'est le fruit de vos leçons.

OCTAVE.

Vous êtes donc obligée de récompenser votre maître.

ROSAURE.

Comment ?

OCTAVE.

En m'épousant.

ROSAURE.

Mourir plutôt que devenir votre femme.

OCTAVE.

Vous vous appaiserez.

SCENE XV.

LES PRECEDENS, FLORINDE & COLOMBINE, *se tenant par la main.*

COLOMBINE *à Florinde.*

MAis où allons-nous ?

FLORINDE.

Nous nous arrêterons dans une auberge, & demain nous sortirons de la Ville.

ROSAURE.

O Ciel ! c'est Florinde.

OCTAVE.

Comment diable, Florinde avec une autre fille ? Je ne puis la reconnoître au clair de Lune

COLOMBINE.

Je suis toute tremblante.

FLORINDE.

Ma chere amie, ne craignez rien.

ROSAURE.

Traître, je vous ai enfin trouvé. *Elle prend Florinde par la main.*

Ah Dieu !

COLOMBINE.

Qui eſt celle-là ?

FLORINDE.

Je n'en ſçais rien. Qui êtes-vous ?

ROSAURE.

Perfide, je ſuis Roſaure, que tu as enlevée!

COLOMBINE.

Que je ſuis malheureuſe! Qu'entends-je ?

OCTAVE *à part.*

Entre deux concurrens, un troiſième peut l'emporter.

SCENE XVI.

LES PRECEDENS. PANCRAGE, *accompagné de gens armés, avec des flambeaux.*

PANCRACE.

ARrête, malheureux! Avec deux filles! Et quelle eſt cette autre? Mademoiſelle Roſaure. Comment! Cette prude! Cette dévote! *à Colombine.* Et toi, coquine, auſſi t'évader avec mon fils? Où ſont les bijoux? Ah, voleur infâme, fils ſcélérat, tu m'auras auſſi volé les 300 écus? Et vous, Monſieur Octave, que faites-vous-là?

OCTAVE.

J'allois ſur les traces de ce pauvre miſérable,

je le cherchois pour le ramener à la maison.

FLORINDE.

Ne l'en croyez pas. . .

PANCRACE.

Doucement là. *Aux hommes armés.* Mes amis, je me recommande à vous. Il faut conduire tout ce monde là chez moi; je vous aiderai. Mais puisque la fille du Seigneur Géronte est de la partie, & que nous sommes plus voisins de sa maison que de la mienne, conduisons-les chez lui. Hola, arrêtez, ne bougez pas. S'ils font mine de vouloir fuir, tirez, & tuez les. *à Octave.* Vous aussi, Monsieur, vous viendrez aussi avec nous.

OCTAVE.

Moi! Comment, j'entrerai dans cette maison?

PANCRACE.

Vous verrez, si vous y entrerez. *Aux gens armés.* S'ils ne veulent pas marcher de bon gré, traînez-les par force chez le Seigneur Géronte. Allez, je vous suis.

OCTAVE.

Je suis innocent, je suis innocent. *Ils sortent tous ensemble, entourés de gens armés.*

SCENE XVII.

PANCRACE, *seul.*

O quelle race ! Quels enfans ! Qui l'auroit jamais dit, que Florinde fût aussi méchant, aussi corrompu ! Pauvres peres de famille ! Tant de fatigues, tant de peines, tant de sueurs & d'attentions pour bien élever des enfans, & tout cela est inutile !

SCENE XVIII.

Le Théatre représente une chambre dans la maison du Docteur, avec des lumiéres.

GERONTE, LELIO.

GERONTE.

AH, Monsieur Lélio, je suis inconsolable.

LELIO.

Mon frere auroit commis une action aussi indigne ?

GERONTE.

Cela n'est que trop vrai. Il m'assassine.

LELIO.

Et Mademoiselle Rosaure s'est laissée séduire ?

GERONTE.

GERONTE.

Je n'aurois jamais cru pareille chose.

LELIO.

Elle étoit si sage, si modeste.

GERONTE.

Je la croyois innocente comme une colombe.

LELIO.

Oh, pour moi, je n'ai pas grande foi à ces torticolis.

GERONTE.

Monsieur Pancrace & moi, nous avions déjà parlé de vous la donner en mariage.

LELIO.

A moi, Mademoiselle Rosaure ? Oh ce n'est pas mon fait.

GERONTE.

Pour quelle raison ?

LELIO.

C'est que je veux une bonne femme ; mais qui ne soit pas dévote.

GERONTE.

Peut-être ne daigneriez-vous pas vous apparenter avec ma fille ?

LELIO.

Je le souhaiterois si fort, je le regarderois tellement comme un honneur, que si mon pere l'agréoit, & que vous le voulussiez bien, je vous ſupplierois de m'accorder Mademoiſelle Eléonore.

GERONTE.

Vous l'avez donc vûe ? Et vous a-t-elle plu ?

LELIO.

Je l'ai vûe pluſieurs fois, & j'ai toujours eu de l'eſtime pour elle.

GERONTE.

Ecoutez-moi, mon fils : ſi vous êtes innocent du vol des trois cens écus, il faut eſpérer que votre pere ne vous refuſera pas cette ſatisfaction. Pour moi, j'en ſerai plus que content ; & ce me ſera une conſolation pour le chagrin que j'éprouve de l'égarement de la malheureuſe Roſaure.

LELIO.

Je vous proteſte que je ſuis innocent ; & j'eſpere, qu'inceſſamment on découvrira mon innocence, & le crime d'autrui.

GERONTE.

Qu'eſt-ce que ce bruit ?

SCENE XIX.

ELEONORE, LES PRECEDENS.

ELEONORE.

MOn pere, le Seigneur Pancrace est ici; il veut vous parler.

GERONTE.

Le Seigneur Pancrace? Mais qui est donc tout ce monde qui monte l'escalier?

ELEONORE.

Je ne sçais : sans doute que ces gens-là sont venus avec lui.

SCENE XX.

PANCRACE, LES PRECEDENS.

PANCRACE *du dedans.*

PEut-on entrer?

GERONTE.

Arrivez, vous êtes le maître.

LELIO *à* ELEONORE.

Votre serviteur, Mademoiselle.

ELEONORE.

Je vous salue... *Elle s'en va.*

LELIO.

Comme elle eſt ſage & modeſte !

PANCRACE.

Je ſuis ici, Seigneur Géronte, avec un train bien nouveau.

GERONTE.

Mais quel eſt tout ce monde qui eſt dans la ſalle ?

PANCRACE.

Je vous dirai tout. Attendez que ...

GERONTE.

Sçavez-vous des nouvelles de ma fille ?

PANCRACE.

Tout à l'heure, tout à l'heure, vous ſçaurez tout. Souffrez auparavant que je parle à mon fils.

GERONTE.

Dites-moi ce qui en eſt de ma fille.

PANCRACE.

Ayez un peu de patience, ſi vous voulez. Conſole-toi, mon fils, tu es innocent; je ſuis fâché du chagrin & de la peine que tu as eus ; mais l'amitié de ton pere t'en dédommagera par autant de conſolations.

LELIO.

Mon cher pere, votre amitié eſt une riche compenſation de tout ce que j'ai ſouffert avec patience.

PANCRACE.

Pauvre fils ! Combien je suis fâché ! . .

GERONTE.

Eh, par charité; ma fille est-elle

PANCRACE.

Oui, elle est retrouvée.

GERONTE.

Où ? Vîte, où est-elle ?

PANCRACE.

Elle est là-bas dans la salle.

GERONTE.

L'indigne ! Oh, je sçaurai la punir . . . *Il veut s'en aller.*

PANCRACE.

Ecoutez, vous dis-je : je l'ai trouvée, je l'ai fait arrêter. Mon fils étoit le ravisseur ; & c'est à moi de vous faire satisfaction de cet affront.

GERONTE.

Ah, Seigneur Pancrace, vous me consolez. Faites à présent tout ce que vous croirez bien fait. Je m'en remets en tout & pour tout à votre jugement ; & je vous promets & vous jure de ne pas ouvrir la bouche sur tout ce que votre prudence aura ordonné.

PANCRACE.

Et toi, Lélio, avoueras-tu aussi tout ce que fera ton pere par rapport à toi ?

LELIO.

Je ſerois bien imprudent de ne pas approuver tout ce que mon pere peut faire à mon égard.

PANCRACE.

Fort bien, tu me fais plaiſir. Hola, mes amis, avancez.

GERONTE.

Ce ſont des Sbirres?

PANCRACE.

Non, ce ne ſont pas des Sbirres : ce ſont d'honnêtes gens, qui m'ont prêté leur ſecours par zéle & par amitié. Je n'ai pas voulu réclamer le bras de la juſtice ; parce que vis-à-vis de ſes enfans, un pere, s'il a de la prudence & du bon ſens, doit exercer les fonctions de juge, & les châtier.

SCENE XXI.

LES PRECEDENS. ROSAURE, FLORINDE, OCTAVE, COLOMBINE. *Des gens armés.*

GERONTE *à* ROSAURE.

AH, malheureuſe, te voila? Eh !

PANCRACE.

Doucement, arrêtez ; & rappellez-vous votre promeſſe.

GERONTE.

Oui, faites *à Roſaure*, Hypocrite, diſſimulée,

menteuse !

PANCRACE.

Mademoiselle Rosaure, Monsieur votre pere s'est dépouillé de son autorité, pour me la confier. Je suis donc à présent votre pere, & en même tems votre juge. C'est à moi de disposer de votre personne, & de vous punir d'une faute qui deshonore votre famille. Tu vois aussi ton pere & ton juge, fils indigne! Te voilà coupable de plusieurs crimes, convaincu d'avoir mené une vie honteuse & scandaleuse; d'avoir volé trois cens écus; d'avoir tiré une fille d'honnête famille de la maison paternelle; & d'avoir enfin séduit en même tems une pauvre servante.

A ROSAURE *&* *à* FLORINDE.

Eh bien, Monsieur & Mademoiselle, où en êtes vous?

FLORINDE.

Je ne vous entends pas.

ROSAURE.

Je ne vous comprends pas.

PANCRACE.

Les pauvres innocens! Je vais parler plus clairement: quel engagement y a-t-il entre vous deux? Vous êtes-vous donné de simples promesses? Vous êtes-vous épousés? Etes-vous mariés, en un mot? ou qu'êtes-vous?

FLORINDE.

J'ai promis d'épouſer Mademoiſelle.

COLOMBINE.

Il m'a promis auſſi de m'épouſer , moi.

PANCRACE.

Tais toi , tu feras bien ; & remercie Dieu d'avoir à faire à un homme juſte , qui trouvera les moyens de réparer les torts qu'on t'aura faits. *à Roſaure.* Il y a donc une promeſſe de mariage entre vous ?

ROSAURE.

Oui , Monſieur.

PANCRACE.

Vous avez donné votre parole : vous vous êtes échappée de la maiſon paternelle : l'honneur en eſt bleſſé ; il faut le réparer , & vous marier enſemble. Géronte , approuvez-vous la promeſſe de votre fille , & la ratifiez vous par votre conſentement ?

GERONTE.

Oui. En faites-vous autant ?

PANCRACE.

Et moi je donne ma parole au nom de Florinde. Nous dreſſerons le contrat entre nous ; dans un tems plus commode.

ROSAURE.

Cette punition ne m'afflige point.

GERONTE.

Mais est-ce là le châtiment que vous ordonnez en qualité de pere & de juge ?

PANCRACE.

Attendez, c'est maintenant le bon du jeu. Eh bien, vous êtes engagés solemnellement ; & vous serez un jour mari & femme. Mais si votre mariage s'effectuoit aujourd'hui, vous auriez, non la peine, mais la récompense de vos fautes ; & de l'union de deux personnes sans cervelle, il ne proviendroit que des fruits aussi mau ais que l'arbre qui les auroit produits. Il vous plaira d'attendre quatre ans avant de penser aux nôces ; & durant cette intervalle, Florinde ira sur un vaisseau, qui est prêt à partir, & sur lequel j'avois résolu d'embarquer celui de mes fils qui se trouveroit coupable. Mademoiselle Rosaure retournera à la campagne, où elle a été si long-tems enfermée sous bonne garde.

ROSAURE.

Quatre ans ?

PANCRACE.

Oui, Mademoiselle, quatre ans.

FLORINDE.

C'est un châtiment trop cruel.

PANCRACE.

Si ma sentence ne te plaît pas, tu subiras celle

d'un juge plus févere.

ROSAURE.

Mais je ne veux plus retourner chez ma tante.

PANCRACE.

Seigneur Géronte, fçais-je bien tenir la place d'un pere ?

GERONTE.

Oui, avec toute l'autorité convenable.

PANCRACE.

Allons donc. *Aux gens armés* : mettez-la de gré ou de force dans une chaife, & conduifez-la chez fa tante, afin qu'on y exécute mes décrets.

ROSAURE.

Eh bien, patience! J'irai, puifque le Ciel l'ordonne.

OCTAVE.

Allez, ma fille, allez-y de bon cœur; fupportez avec courage cette mortification. J'irai quelquefois vous voir.

ROSAURE.

N'approchez jamais de moi; & plût au Ciel que je ne vous euffe jamais connu.

PANCRACE.

Comment, comment? C'eft peut-être lui qui vous a féduite?

ROSAURE.

J'étois avec ma tante, vivant en paix, heureuse & tranquille, quand il est venu avec ses doucereuses paroles, & ses manieres trompeuses, me gâter l'esprit, me donner du goût pour le monde, & de l'aversion pour la solitude. C'est par ses suggestions, que j'ai tourmenté mon pere, jusqu'à ce qu'il me rappellât dans sa maison. Ses discours m'ont infatuée du mariage. C'est lui qui m'a fait connoître Monsieur Florinde, & qui m'a mis cette nuit sur le point de me perdre pour toûjours. Patience! Je veux bien aller m'enfermer dans une chambre; mais il n'est pas juste qu'on laisse impuni ce perfide séducteur, cet indigne & misérable imposteur.

OCTAVE.

On me calomnie. Patience!

FLORINDE.

Non, non, il ne convient pas, que tandis que nous serons punis, ce traître chante victoire. C'est lui, qui au lieu de me donner de bonnes leçons, m'enseignoit à écrire des lettres galantes. C'est lui qui m'a mené jouer, qui m'a introduit chez ces Demoiselles, qui m'a aidé à voler les trois cens écus, & la cendre qu'on a trouvée à la place de l'argent, est de son invention.

OCTAVE.

On me calomnie. Patience!

COLOMBINE.

Et moi pauvre misérable, c'est à lui que je suis redevable de mon malheur. Il m'a conseillé d'épouser Monsieur Florinde ; & pour prix de ce bon conseil, il m'a excroqué mes bracelets d'or.

OCTAVE.

Patience !...

PANCRACE.

Patience, dit ce fripon. Méchant & scélérat que vous êtes ; je ne puis pas faire justice de vous, parce que je ne suis pas votre pere. Allez à votre juge, il vous traitera comme vous le méritez.

SCENE XXII.

TRASTULLE, LES PRECEDENS.

TRASTULLE.

Monsieur mon maître, un mot.

PANCRACE.

Qu'est-ce ?

GERONTE.

Qu'y a-t-il de nouveau ?

TRASTULLE.

Les Sbirres sont là, si vous en avez besoin.

GERONTE.

Où sont-ils?

TRASTULLE.

Ils ſont dans la rue.

GERONTE *à* TRASTULLE.

Venez avec moi : *à Pancrâce.* Je reviens tout à l'heure. *Il ſort.*

OCTÂVE *à part.*

Il me paroît que le tems s'obſcurcit de plus en plus.

PANCRACE.

Se peut-il trouver un homme plus indigne & plus ſcélérat que vous ? Je vous confie mes deux enfans, & vous me les perdez. Le pauvre Lélio eſt maltraité, calomnié ; Florinde ſéduit & perverti : où eſt-ce que vous avez votre conſcience ?

SCENE XXIII.

GERONTE, LES PRECEDENS.

GERONTE.

SEigneur Octave, faites-moi la grace de ſortir de cette maiſon.

OCTAVE.

Mais, Seigneur, eſt-ce ainſi que vous me chaſſez ? Je ſuis un galant-homme.

GERONTE.

Vous êtes un tartuffe ; vous êtes un fripon. Sortez-moi d'ici tout à l'heure.

OCTAVE.

Je vous dis, Monsieur, de parler plus poliment.

GERONTE.

Seigneur Pancrace, faites-moi le plaisir de dire à vos gens qu'ils le mettent dehors par force.

PANCRACE.

Oui, fort bien; faites-le moi sortir d'ici. Au lieu de descendre par l'escalier, il mériteroit d'être jetté par les fenêtres.

OCTAVE.

Non, non, ne prenez pas cette peine. Je m'en irai, je m'en irai. *à part.* Il me semble que j'ai les galéres sur le dos : c'est la fin ordinaire des gens qui menent une vie semblable à la mienne.

PANCRACE.

Je suis fâché que ce coquin demeure impuni.

SCENE XXIV.

TRASTULLE, LES PRECEDENS.

LE coup est fait. Monsieur le Précepteur est en cage.

GERONTE.

Ne vous l'ai-je pas dit ?

PANCRACE.

Qu'a dit le Sergent ?

TRASTULLE.

Dès qu'il l'a vû, il s'est mis à rire. Il le connoît bien. Car il l'avoit, dit-il, déjà employé & payé comme espion ; mais il n'en a plus voulu, parce qu'il ne sçavoit pas faire ce métier ; de sorte que M. Octave est en discrédit à la police, & qu'il sera certainement banni pour ses beaux faits.

GERONTE.

Il l'a bien mérité.

PANCRACE.

Voyez quelle espéce d'homme j'avois chez moi ! Pauvres enfans ! Pauvre pere ! Mais finissons notre opération. Allons, Mademoiselle Rosaure, partez, & faites un bon voyage.

ROSAURE *à Géronte.*

Mon pere, que dites-vous à cela ?

GERONTE.

Va-t-en, je ne t'écoute pas.

ROSAURE.

Et vous aurez le cœur de me laisser partir, sans que je vous aye baisé la main ?

GERONTE.

Tu ne mérites pas cette grace.

ROSAURE.

Eh bien, que je voye au moins ma sœur avant de partir.

GERONTE.

Seigneur Pancrace, voulez-vous que nous lui donnions cette consolation ?

PANCRACE.

Pourquoi non ? Cela peut s'accorder.

GERONTE.

Eléonore.

SCENE XXV.

ELEONORE, LES PRECEDENS.

ELEONORE.

ME voici.

GERONTE.

Ta sœur voudroit te dire adieu.

ROSAURE.

ROSAURE.

Ma très-chere sœur.

ELEONORE.

Eh oui, ma chere sœur : Il n'est plus tems de faire le torticolis.

ROSAURE.

Ayez de la conduite.

ELEONORE.

Ayez-en vous-même, qui en avez plus besoin que moi.

ROSAURE.

Je retourne dans ma retraite.

ELEONORE.

Et moi je reste dans la maison paternelle.

ROSAURE.

Je vais mener une vie plus réguliere.

ELEONORE.

Et moi je continuerai celle que je menois auparavant.

ROSAURE.

On est fort heureux de vivre chez ma tante, quand on a un bon esprit

ELEONORE.

Et quand on l'a bon, on vit également bien chez soi.

ROSAURE.

Mais il ne faut pas avoir des intrigues,

ELEONORE.

Les intrigues font tort en quelque lieu qu'on ſoit.

ROSAURE.

Adieu, ma ſœur.

ELEONORE.

Adieu, Roſaure, adieu.

ROSAURE.

Seigneur Florinde... *A Pancrace*: Puis-je ſaluer mon époux ?

PANCRACE.

Oh, Mademoiſelle, oui, ſaluez-le.

ROSAURE.

Adieu, mon cher.

FLORINDE.

Pauvre Roſaure ! adieu.

ROSAURE.

Quelles triſtes épouſailles ! *Elle part avec une eſcorte.*

PANCRACE *à Florinde.*

Dépêchez-vous ; le vaiſſeau vous attend.

FLORINDE.

Mon cher pere.

PANCRACE.

Il n'y a plus de pere ni de mere qui tienne. Allez à bord, & je vous enverrai ce qui vous eſt néceſſaire.

FLORINDE.

Patience. Maudits vices, & maudit ſoit le maître qui me les a donnés ! Ah ! Pourquoi ma mere me les a-t-elle paſſés ? Elle eſt cauſe de ma perte.

SCENE DERNIERE.

BEATRIX, LES PRECEDENS, *enſuite* ARLEQUIN.

BEATRIX.

Eſt-il là, mon fils ? Eſt-il ici ?

PANCRACE.

Oui, Madame. Vous arrivez fort à propos pour entendre comme il ſe loue de vous.

BEATRIX.

Es-tu bien repentant ? Veux-tu me demander pardon ?

FLORINDE.

Quel pardon ? De quoi voulez-vous que je vous faſſe des excuſes ? De tout le mal que vous m'avez laiſſé faire ? Je connois maintenant l'amour que vous avez eu pour moi. Je comprends que je me ſuis perdu par votre faute. Voilà ce que c'eſt de ne m'avoir jamais fait la moindre correction, de ne m'avoir pas grondé une ſeule fois. Je vais ſur un vaiſſeau, vous ne me verrez plus; & s'il vous en coûte de vous priver de moi, & qu'il vous faille de la compagnie, je vous laiſſe à ma place le remords éternel d'avoir perdu votre fils par un amour aveugle. *Il ſort avec des gens armés.*

PANCRACE.

Avalez ce ſirop.

BEATRIX.

Ah oui, je ſuis coupable, je l'avoue. Mais ſi mon crime vient d'une tendreſſe exceſſive, devois-je me la voir reprocher par ce fils même que j'ai trop aimé ?

PANCRACE.

Cela doit être ainſi Les enfans ſont les premiers à ſçavoir mauvais gré à leurs parens de la mauvaiſe éducation qu'ils en ont reçûe.

BEATRIX.

Mais ſi mon propre fils me traite ainſi, quel traitement dois-je attendre de Lélio qui n'eſt que mon beau-fils ?

LELIO.

Lélio vous aſſure que ſi vous avez de bonnes façons pour lui, il aura toujours de l'eſtime & du reſpect pour vous.

BEATRIX.

Et mon époux, que dit-il ?

PANCRACE.

Votre époux dit que si vous avez du bon sens, ce sera tant mieux pour vous.

BEATRIX.

Et moi, je vous proteste que si mon fils n'est plus dans la maison, je ne veux plus y rentrer.

PANCRACE.

Bon voyage donc.

BEATRIX.

Mais ma dot ?

PANCRACE.

Elle sera prête.

BEATRIX.

J'irai vivre avec mes parens.

PANCRACE.

Vous en serez mieux, & moi aussi.

BEATRIX.

Cela suffit. Nous en parlerons.

PANCRACE.

Fort bien ; quand vous voudrez. Mais pour terminer le tout ensemble heureusement, Seigneur Géronte, nous pourrions faire une autre chose.

GERONTE.

Dites. Vous êtes le maître de tout.

PANCRACE.

N'avez-vous pas dit que vous donneriez une de vos filles à mon fils ?

Géronte est content. Je suis consolé. Ma femme s'est punie elle-même. J'espere donc que le monde, instruit de ma conduite, dira que je n'ai pas manqué à mes devoirs, & que je suis un bon pere de famille.

Fin de la Comédie.

www.ingramcontent.com/pod-product-compliance
Ingram Content Group UK Ltd.
Pitfield, Milton Keynes, MK11 3LW, UK
UKHW031840260826
14628UKWH00001B/489

9 782019 705084